互联网环境下的图书馆管理与发展

冯雪明◎著

文化发展出版社
Cultural Development Press
· 北京 ·

图书在版编目（CIP）数据

互联网环境下的图书馆管理与发展 / 冯雪明著 . —
北京 ：文化发展出版社，2023.12
ISBN 978-7-5142-4280-5

Ⅰ . ①互… Ⅱ . ①冯… Ⅲ . ①图书馆管理－研究
Ⅳ . ① G251

中国国家版本馆 CIP 数据核字 (2024) 第 026586 号

互联网环境下的图书馆管理与发展

冯雪明 著

出 版 人：宋　娜
责任编辑：岳智勇　　　　　　责任校对：岳智勇
责任印制：邓辉明　　　　　　封面设计：守正文化
出版发行：文化发展出版社（北京市翠微路 2 号 邮编：100036）
网　　址：www.wenhuafazhan.com
经　　销：全国新华书店
印　　刷：天津和萱印刷有限公司

开　　本：710mm × 1000mm　1/16
字　　数：200 千字
印　　张：9.5
版　　次：2024 年 5 月第 1 版
印　　次：2024 年 5 月第 1 次印刷

定　　价：72.00 元
I S B N：978-7-5142-4280-5

前　言

随着信息技术的不断进步，知识传播的渠道和学术交流的方式发生了巨大的变化。随着互联网的兴起，越来越多的设备、实体和个人连接在一起，一方面为用户提供了快速、便捷、全面的信息获取渠道，另一方面引发了新的信息需求。在这样的大环境下，图书馆如何抓住机遇、直面挑战，利用互联网提高行业管理与服务能力，从而进一步发展，是值得积极思考的问题。

互联网已经成为主体经济社会不可分割的一部分。互联网与万物共生共存，是社会发展的大趋势。互联网为图书馆的管理与发展提供了新的挑战与机遇，一些与互联网相关的新型技术如云计算等也为图书馆行业的创新提供了新的思路。

本书共六章。第一章为图书馆基本理论，围绕着图书馆的概念、图书馆的起源与发展、图书馆的主要职能、图书馆所处的信息环境以及图书馆面临的挑战五个方面进行了介绍；第二章为互联网环境下的图书馆信息资源管理，主要内容包括信息资源建设概述、互联网环境下的图书馆数字信息资源采集与创建、互联网环境下的图书馆数字信息资源存储与整合以及互联网环境下的图书馆数字信息资源知识产权保护；第三章为互联网环境下的图书馆读者服务管理，分别对互联网对图书馆读者服务的影响、互联网环境下图书馆读者服务存在的问题、互联网环境下图书馆读者服务的创新以及互联网环境下图书馆读者服务质量评价进行了详述；第四章为互联网环境下的图书馆阅读推广，主要内容包括阅读推广概述、互联网环境下图书馆阅读推广机制构建、互联网环境下图书馆阅读推广的思路与路径以及人工智能阅读与图书馆阅读推广；第五章为互联网环境下的图书馆人力资源管理与人才发展，围绕图书馆人力资源管理内涵、互联网环境下图书馆馆员能力要求与提升、互联网环境下图书馆新型服务人才——网络管理员以及互联网环境下图书馆馆员信息素养发展四个方面进行了阐述；第六章为互联网环境下的图书馆创新管理与发展趋势，围绕四个方面进行了详细的介绍，分别为图书馆管理的原理、职能与范畴，互联网对图书馆管理的影响，互联网环境下图书馆管理创新的路径以及互联网环境下我国图书馆的发展趋势。

在撰写本书的过程中，笔者参考了大量的学术文献，得到了许多专家学者的帮助，在此表示真诚的感谢。本书内容系统全面，论述条理清晰、深入浅出，但由于笔者水平有限，书中难免有疏漏之处，希望广大同行及时指正。

冯雪明

2023 年 7 月

目 录

第一章　图书馆基本理论

本章为图书馆基本理论，围绕着图书馆的概念、图书馆的起源与发展、图书馆的主要职能、图书馆所处的信息环境以及图书馆面临的挑战五个方面进行了详细的介绍。

第一节　图书馆的概念

图书馆是收集、整理和保存文献资料并向读者提供利用的科学、文化、教育机构。文献是图书馆赖以存在的物质基础，没有文献也就没有图书馆。

图书馆的英文词是Library，这一词源于拉丁语Librarium，原义为藏书之所。中国古代的各种藏书处所，被后人通称为藏书楼，直到19世纪末才出现图书馆一词。图书馆源于保存记事的习惯。早在公元前3000年，巴比伦的神庙中就收藏了刻在胶泥板上的记录各类事物的文献。最早的图书馆是希腊神庙的藏书之所和附属于希腊哲学书院（公元前4世纪）的藏书之所。我国的图书馆历史悠久，只是起初并不被称作“图书馆”，而是被称为“府”“阁”“观”“台”“殿”“院”“堂”“斋”“楼”，如西周的盟府、两汉的石渠阁、东观和兰台、隋朝的观文殿、宋朝的崇文院、明代的澹生堂、清朝收藏四库全书的“七阁”等。

古希腊、罗马时期的一些图书馆如亚历山大图书馆等，藏书已有相当规模。中世纪欧洲图书馆的发展受到宗教势力的束缚，逐渐衰落，而印刷术的推广和文艺复兴推动了西方图书馆事业的发展。18—19世纪，西方的国家图书馆开始出现并获得了较大发展，19世纪中叶出现了由政府开办的向社会开放的公共图书馆。

中国古代藏书楼主要为官府所设，宋代以后私家藏书楼迅速发展。此外，寺观和书院藏书也很普遍。这些藏书楼的服务范围相当狭窄，但对保存文化典籍起了一定作用。直到20世纪初，中国才出现近代意义的公共图书馆。

20世纪，图书馆的类型和数量不断增多，向社会开放的范围不断扩大，提供的服务更趋多样化。现代科学文献的大量增长使图书馆馆藏规模和结构都发生了变化，文献整理和加工更加深入细致，各类图书馆特别是专门图书馆大量提供情报服务。随着现代科学技术在图书馆的广泛应用，图书馆管理已逐步走向自动化、现代化和数字化。

虽然图书馆的产生时间较早，但对图书馆的定义还没有一个统一的、标准的说法。

一、国外关于图书馆的定义

多年来，关于什么是图书馆、图书馆到底该如何定义，一直是研究图书馆的学者所热衷的问题之一。由于世界各国的图书馆及其发展程度不同，人们认识图书馆的角度也不同，两百年来对图书馆的定义至今没有一个得到公认。因此，我们可以通过比较近现代具有代表性的权威学者对图书馆的定义来大致了解图书馆的内涵。

美国图书馆学家皮尔斯·巴特勒（Pierce Butler）认为："图书馆是将人类记忆的东西移植于现在人们的意识之中的一个社会装置。"①

美国图书馆学家杰西·谢拉（Jesse Shera）提出，图书馆是这样的一个社会机关，它用书面记录的形式积累知识，并通过馆员将知识传递给团体和个人，进行书面交流。因此，图书馆是社会中文化交流体系的一个重要机关。②

与谢拉同时期的德国图书馆学家彼得·卡尔施泰特（Peter Karstedt）则认为，图书是客观精神的容器，图书馆是把客观精神传递给个人的场所。客观精神的作用就在于它能够建立和维持各种社会形象。因此，图书馆就是在维持社会形象中，使世代结合的纽带。实际上，客观精神主要指的是人类创造的文化。在这个意义上，图书馆就是使文化的创造和继承成为可能的社会机构。③

《英国百科全书》对图书馆的解释为：图书馆的意思是很多书收藏在一起，

① 隋春荣，刘华卿．图书馆信息平台的理论基础与技术开发[M]．成都：电子科技大学出版社，2017.

② 吴环伟．图书馆文献资源建设与共享服务创新[M]．长春：吉林出版集团股份有限公司，2020.

③ 霍瑞娟．新业态环境下我国国家图书馆社会职能定位研究[M]．北京：北京邮电大学出版社，2014.

这是为了阅读、研究或参考用的。[①] 而法国的《大拉鲁斯辞典》对图书馆的解释为：图书馆的任务是保存用各种不同文字写成的、用多种方式表达的人类思想资料……图书馆收藏各种类别的、组织起来的图书资料，这些资料用于学习、研究或一般情报。[②]

二、我国关于图书馆的定义

我国对图书馆的定义，根据《大辞海 · 文化新闻出版卷》，可以查到图书馆是收集整理、保管传递并交流人类知识和信息，以供读者参考和学习的机构。[③] 从《中华人民共和国公共图书馆法》（以下简称《公共图书馆法》）的第二条来看，对公共图书馆的规定是"指向社会公众免费开放，收集、整理、保存文献信息（包括图书报刊、音像制品、缩微制品、数字资源等）并提供查询、借阅及相关服务，开展社会教育的公共文化设施"。[④] 虽然此法主要针对公共图书馆而言，却是我国第一部关于图书馆的法律法规。

图书馆定义是图书馆学中最基本的概念，但也是图书馆学界一直争论不休的问题。从图书馆学建立到现在，不断有图书馆界同仁从不同角度给图书馆下定义，见仁见智，众说纷纭，尤其是随着数字图书馆、虚拟图书馆、无墙图书馆、复合图书馆等新生概念的不断涌现，传统的图书馆定义遭到了质疑，尤其是我国台湾学者胡述兆先生《为图书馆构建一个新的定义》一文的发表，更是引发了图书馆界对图书馆定义的新一轮辩证热潮。

图书馆的定义并非一成不变，而是随着时代的发展变化被不断地赋予新的内涵。如今科学技术快速发展，信息呈爆炸式增长，互联网的广泛应用导致现在人类学习知识的环境与途径都发生了根本变化。因此，定义符合当前时代发展与环境的图书馆概念是建设当前中国特色图书馆的新任务，而这也必将给图书馆的发展带来更多的生机与活力。

---

① 隋春荣，刘华卿．图书馆信息平台的理论基础与技术开发 [M]. 成都：电子科技大学出版社，2017.

② 吴环伟．图书馆文献资源建设与共享服务创新 [M]. 长春：吉林出版集团股份有限公司，2020.

③ 罗启元．我国古代图书馆与文化传承 [M]. 北京：现代教育出版社，2019.

④ 腾和泰．图书馆阅读推广与信息服务研究 [M]. 汕头：汕头大学出版社，2022.

第二节　图书馆的起源与发展

一、图书馆的起源

图书馆是整理、保存、传播文献并提供利用的科学、文化、教育机构，它的产生和出现是以文字的产生为前提的。在我国，图书馆经历了漫长的“封建藏书楼”时期，发展至今已有数千年的历史。图书馆源于奴隶社会，成熟于封建社会，那时文献流通量小，重藏轻用，是农业文明的产物；近代图书馆则是工业文明的产物，对文献藏用并重；现代图书馆则是信息时代的产物，是全面开放的信息系统。未来的图书馆将是无纸社会的产物，是没有围墙的图书馆。图书馆的存在形态必须与社会发展相适应，在社会变革的挑战面前，图书馆只有与时俱进，才能求得生存与发展。

在我国古代封建社会，图书馆主要是一个收藏典籍的场所。在战国时期到清代末年这段封建社会时期，藏书楼一直存在，在此期间，封建社会中央集权不断得到巩固，这种政治体系的形成有利于官府藏书体系的发展与兴盛。写本书的普及和印刷术的发展促进了文化学术领域的繁荣与发展，这也使得私人收藏书籍的数量大幅增加。并且随着宗教的传播，佛寺、道观藏书随之兴起，这都促进了古代藏书的发展，书院藏书系统也因为书院的建立与发展得到了更好的发展与完善。

我国古代的图书馆大体可以分为四个体系，即官府藏书、书院藏书、私人藏书和寺观藏书。用于收藏典籍的图书馆几乎贯穿我国整个封建社会的历程。它的主要特点是以藏为主，文献仅为少数人利用，所以人们普遍称这个时期的图书馆为藏书楼。可见古代图书馆以收藏和保存图书为主，基本上属于宫廷和神学的附属品。

我国图书馆源于周朝，周代除王室有收藏文献的库室外，各诸侯国也有文献库室。另外，周朝设有专门收藏典籍的机构“盟府”，并配下史一职进行管理。秦汉以后，图书馆工作逐渐与档案管理和史官职责分离，开始走上独立发展的道路。

二、图书馆的发展

（一）商周时期图书馆的发展

图书馆在我国起源较早，早在商周时期就有图书馆的存在。当然，那时的图书馆与我们现在的多功能图书馆功能差异较大，完全是两个概念。彼时，图书馆主要用来收藏典籍，使用功能极其少，只有特定的人群才能用。

在西周至春秋时期，史官数量增加，其中包括专门负责书写和发布文件的史官，以及管理典籍和提供文献检阅利用的史官。据记载，老子曾担任周朝守藏室之史，与此同时，各个诸侯国设立了专门的史官职位用于记录言论和事件。策府、盟府、天府、周室、室、藏室等这些称谓在先秦文献中有所记载，这些可能是收藏文献处所的指代词，史官主要对其进行管理。在古代典籍的产生、收藏、保管、传播、利用过程中，史官扮演着非常重要的角色。在战国之前就产生了中国图书馆的雏形，即以上这种藏书室。

（二）秦、汉、魏晋、南北朝时期图书馆的发展

秦朝结束了纷乱的战国时代，中国实现了大一统，秦始皇在统一了度量衡的基础上，对相关的典籍也进行了统一。秦汉时期，宫廷里流行使用简册和帛书，为了管理官私藏书，统治机构专门设立了官职来负责此事。在秦朝末期，焚书坑儒导致先秦经典图书遭受了严重损失。汉朝初期，皇宫中兴建了几座专门的楼阁，包括天禄阁、麒麟阁以及石渠阁等，用以专门储存书籍。汉武帝时期出台了建立藏书的政策、设立了专门的写书官职，大量书籍开始被收藏于宫廷内。西汉末期，朝廷初步建立起宫廷藏书与官署藏书，朝廷外有太常、太史、博士等进行藏书，朝廷内有延阁、广内、秘室等进行藏书。西汉文学家刘向等人对官府藏书进行整理，逐步改进和完善了藏书制度。西汉末期，大量书籍遗失，然而在东汉时期，朝廷的重要藏书和校书机构仍有兰台和东观存在。秘书监设立于桓帝延熹二年（公元 159 年），标志着管理官府藏书的专门机构开始运作。战国时期出现了私人收藏书籍的现象，然而私家藏书的藏书家并不多，所收藏的书籍数量有限。在西汉和东汉时期，个人获取书籍的难度较小，如果想要进行学术研究和文化交流，则需要自己准备藏书。因此，私人收藏的书籍数量在这一时期不断增加。刘德、刘安两位皇族贵胄以及扬雄、马融、蔡邕等学者都拥有非常丰富的藏书，甚至多达数千卷。

书籍在三国之后开始以纸写本为主，在写作时使用纸卷进行写作，因其简单便捷的制作方法、易于流通，书籍的数量激增，藏书处所也因此不断建立。三国时期和两晋时期，朝廷设立秘书监，主要负责著述、编纂艺文图籍，这一举措推动了官府藏书的发展。官府藏书在晋朝有东观和仁寿阁，在南朝宋有聪明馆，在齐朝有学士馆，在梁朝有文德殿，在北朝北齐有仁寿阁和文林阁，还有后周的麟趾殿。秘书监中有着非常多的官吏，并且有着明确的分工，以此来完成官府藏书的整理、编目工作，促进了对历代著作的积累和对当世著述的收集。同时，官府还利用这些藏书培养宗室子弟和新进士子，使藏书之所成为朝廷重要的文化学术机构。梁朝时期，沈约拥有大概 2 万卷书籍。梁朝任昉收集了万卷书籍，其中包括一些珍贵版本，这有利于对官府藏书进行弥补。由于佛教在中原的盛行和道教的兴起，宗教藏书开始兴起。此时的佛教寺院不仅是译经、传教的主要场所，也是收藏佛教典籍的主要场所。魏晋南北朝时期有着非常多的寺院，其中收藏着大量的经书，梁代皇宫中的华林园就有一个收藏佛典的藏书阁，并且将收录的 3700 卷佛经编成了《华林殿众经目录》。

（三）隋唐时期图书馆的发展

在中国的历史上，隋唐时期是藏书事业蓬勃发展的时期。在隋唐时期，由于经济文化的繁荣，书籍的编纂和著述非常盛行，文化学术也随之繁荣起来，这促使公私藏书达到了前所未有的兴盛程度。在隋代，秘阁里的藏书被书写了多份副本，并使用不同颜色的书轴进行等级的区分。在两京有许多地方都有藏书，其中西京长安的嘉则殿和东都洛阳的观文殿在藏书数量、管理秩序、书库装饰等方面都非常出名。官府藏书在唐代设置得更多，其中较大的藏书机构主要有弘文馆、集贤书院、史馆等。此外，唐朝还在各个地方设置了专门官员来收集图书，同时负责整理和抄录、入藏等事项。唐代官府藏书在许多方面都发挥了至关重要的作用，如为朝廷提供政策参考、编写历史著述、审定古籍文献、培养宗室子弟和选拔新进士等。唐朝发生的安史之乱导致许多官私藏书遭受损失。之后藏书在唐末五代时期又得到了进一步的发展。私家藏书在隋唐时期分布在大城市（如京都）及四川、江南等地，据说藏书家李泌所拥有的书籍数量高达 3 万轴。有些藏书家会开设书馆，供来自各地的人们阅读。私家藏书也因此在社会中有了广泛的影响。宗教藏书在隋唐时期更加流行和兴盛。唐朝时期，长安有一座名为大兴善寺的寺庙，而洛阳则在上林园内建立了一个被称为译场的场所，这些场所专门用于翻译佛教经典。在玄奘回国带回佛典后，他在长安大慈恩寺进行翻译工作。此外，长安大慈恩寺和弘福寺等也收集了许多佛典。封建统治者对这些佛典进行统一译经、抄写，然后将其送到各地的寺院进行收藏，这一举措使得全国各地的寺院中都收藏了大量的佛典。在佛教中，僧侣也负责编纂佛经的目录。唐代时期，道教典籍的积累和收藏空前丰富。在唐代，政府组织了编纂和抄录道教经典的工作，并将它们分发到各地的宫观中，这使得唐代道教的藏书体系逐渐形成。

（四）宋元时期图书馆的发展

在印本书时代，我们可以将藏书分为官私藏书和书院藏书两种。雕版印刷术在唐初被发明，在之后的岁月中逐渐被推广到民间。从五代开始，印本书繁荣兴盛。从宋代到清末这段时间，中国的图书生产与流通逐渐进入专业化阶段，出现了多种印刷方法，藏书体系也获得全面发展。在五代十国官府藏书的图书基础上，宋初建设了一个庞大的官方藏书系统。崇文院在公元 978 年建成，东廊存放着昭文书库的藏书，南廊则有集贤书院的藏书，而西廊则收藏了史馆书库的书籍，这些书分为经、史、子、集四库。在这些藏书中再选取珍贵、优良的藏书珍藏在秘阁。在皇宫里，藏书的地方还有太清楼、龙图阁、玉宸殿、四门殿等，主要用来存放历代皇帝的手迹、书法、绘画等珍品。北宋末期，很多书籍都遗失了。南宋时期，朝廷在临安（现杭州）建立了秘书省，专门负责收集和整理图书，还对一些书籍进行了补写工作和抄写工作。除此之外，各个地方的州学也建阁来收藏书籍。辽道宗时期建立了乾元阁，金章宗时期建立了宏文院。元代在统一中国之后广泛地开展书籍的收集工作，在元文宗时期建立了艺林库，收藏了大量书籍，因此闻名于世。自宋代以来，各地出现了私家藏书。北宋如江正、宋敏求、李昉、王钦臣等著名的文学家和史学家常常在写作时使用藏书进行辅助。传说司马光为了保护藏书不受损坏，采取了很多措施，其藏书故事成为当时的佳话。此外，李公择将书放在庐山的一间僧舍里，供大家阅读。在藏书领域，蜀地的晁公武、浙江的陆游、闽地的郑樵以及江南的尤袤、陈振孙、周密等人都享有盛誉。随着藏书版本数量的增多和私人收藏目录的编制与传播，一些藏书家开始公开展示自己的藏书，这种行为有助于促进当时的文化交流与学术发展。书院藏书是与官方藏书和私人藏书同样值得称道的一种藏书方式。宋元时期的书院是一个多功能的文化教育机构，具备讲学、研究、进修等多种职能。宋代有名的书院有白鹿书院、应天书院、岳麓书院、嵩阳书院等，这些书院中都为学子提供了丰富的书籍。书院收藏书籍的途径包括朝廷赐予、书院购买、私人赠送。书籍被收纳进专门的楼库并由专业的人员进行管理。在当时，书院藏书十分普遍，它是各种藏书类型中的独特存在。书院藏书有利于促进书院教学活动的开展，并且在书籍的著述和研究活动中发挥了极其重要的作用。

（五）明清时期图书馆的发展

在古代，明清时期是藏书事业最为兴盛的阶段。明朝初期，朱元璋（明太祖）将元朝遗留下来的图书收集起来，并将它们存放在文渊阁里。之后朱棣（明成祖）

在编纂《永乐大典》时，对文渊阁所珍藏的书籍进行了广泛利用。文渊阁收藏了于1407年完成编撰的《永乐大典》，后来文渊阁搬迁至北京。明朝中期，有人负责整理文渊阁的书籍，并且为其编制了目录。明朝嘉靖时期，朝廷建造了皇史宬，皇史宬所有建筑均采用石结构，内部珍藏皇帝的事迹、宝训、实录、玉牒等，这些珍贵资料都存放在金匮中，有“金匮石室”之意，时至今日，皇史宬仍然完好无损。宫廷里还建造了许多藏书阁楼。除此以外，国子监等官方机构也负责书籍的编辑、印刷和收藏。各个州县的县学也积极收集藏书，这就形成了地方性官府藏书。清朝一方面保留了文渊阁的藏书，另一方面新建了多处藏书楼阁。乾隆帝编纂《四库全书》之后，抄录了七部，为此建楼并进行收藏，其中江南三阁可以被视为对公众开放的藏书楼，供士子借书阅读。除此之外，宫廷还有许多藏书之处，包括养心殿的“宛委别藏”、南薰殿、紫光阁、五经萃室、味腴书屋等。刻书处武英殿、官署的翰林院收藏了大量书籍，至此，清朝形成了一个巨大的、系统的官府藏书体系。

文渊阁在1776年设立了职官，职官的主要工作就是管理整个官府藏书。职官具体包括领阁事、直阁事、校理、校阅等不同官职。在近代时期，由于社会处于频繁的战乱中，清代各地的官方藏书库遭受了不同程度的损失，其中四库七阁中的文宗、文汇、文源等阁全部被烧毁。私家藏书在明清时期有着重要的社会影响。明朝初期，私家藏书延续了元代私家藏书的传统，并在此基础上有所发展。例如，明朝皇室成员和各位大臣都拥有丰富的藏书。明代中后期，江南出现了不少藏书家，其中包括唐顺之、刘凤、王世贞、沈节甫、茅坤等人，这些人因藏书声名远扬。天籁阁和天一阁是当时比较大的藏书楼。明朝万历年间以及之后的时期，私家藏书中又属赵琦美的脉望馆、祁承爜的澹生堂、毛晋的汲古阁、徐火勃的红雨楼、陈第的世善堂等尤为突出。明末清初时期，较为有名的藏书楼当属江浙地区兴起的藏书楼，如钱谦益的绛云楼、徐乾学的传是楼、黄虞稷的千顷堂、朱彝尊的曝书亭、曹溶的倦圃等。其中，黄宗羲的续抄堂在收藏和利用藏书方面做得最为出色，因此备受当时人的称赞。学术研究在清朝乾隆、嘉庆年间十分兴盛，这促使全国范围内私家藏书楼的建立。同时，涌现出一批嗜书如命的收藏家，也产生了专门收藏宋元版本的书籍以进行鉴赏的人，并且有些人专门从事书籍校勘整理工作，社会分工非常明确。乾嘉时期的黄丕烈、周仲涟、顾之逵、吴又恺堪称当时著名的四大藏书家。在这一时期，藏书家鲍廷博、顾广圻、卢文弨、张金吾、孙星衍等也因为其藏书、校勘、刻书方面的突出贡献而举世闻名。鸦片战争之后，各个地方依旧有着藏书的传统，如清末四大藏书楼的建立，即钱塘丁氏八千卷楼、山东聊城杨氏海源阁、常熟瞿氏铁琴铜剑楼、归安陆氏皕宋楼。苏州的潘氏宝礼堂以及海盐的张元济、德化的李盛铎、长沙的叶德辉等人，在藏书界都有着重要的地位。各地的书院在明朝之后就获得了良好的发展，全国书院的数量就有 1300 所左右，这些书院主要控制者是官府，主要目的在于讲学以及考课。书院藏书一般会建立藏书楼，一方面是方便教学，另一方面可以让学生在学习的过程中进行参考。在这样的背景下，藏书的数量在不断增加，藏书的方法也更加完善和更具体系。书院在清朝获得了更好的发展，成为学术研究和教育文化的机构，主要发挥讲学、研究、著述等职能。

清政府在 1901 年颁布法令，要求各省的省城书院改为高等学堂，府厅书院改为中学堂，州县书院改为小学堂。各地中小学校图书馆收藏书籍的重要来源就是原本的书院藏书。

当然，这些图书馆具有浓厚的封建社会氛围，就算是较为发达的明清阶段，图书馆的主要功能仍是典籍收藏，而且功能性、目的性甚是单一，与近现代的图书馆大相径庭，完全是两个概念。

客观认识图书馆的历史定位，科学总结图书馆的发展特点，正确把握图书馆的发展未来，是图书馆学研究的重要使命。图书馆发展的过程与特点揭示，图书馆正在成为百姓的知识公园、人们的学习中心和社会的交流中心，并正在走向人类理性的精神家园。图书馆并非行将消亡，相反，正处在蓬勃发展中。印度图书馆学家阮冈纳赞“图书馆是生长着的有机体”① 的论断并未过时，依然可为当前和未来图书馆的发展特点提供佐证。传统的图书馆虽然有一定的时代局限性，但是对今天的图书馆事业的发展仍有积极的指导意义。

第三节　图书馆的主要职能

计算机技术、网络技术从 20 世纪 90 年代开始就获得了迅猛发展，信息处理技术也是如此，这就导致人们的信息获取方式处于不断的变革之中，这种变革不仅对人们的生活与学习产生了深刻的影响，而且深刻影响着人们的工作和思维方式。我国图书馆事业也因为现代科学技术的不断进步获得了快速的发展，同时面临着新的挑战与机遇。采用和引用现代科学技术的图书馆产生了新的信息资源组

① 邱源，徐方．阅读潜能 [M]. 北京：中国国际广播出版社，2020.

织方式，并且推动了服务形式的发展，并且在此基础上产生了新的图书馆业态。随着社会信息环境的不断变化，以及国内外商业化信息产业的快速发展和用户需求的多样化，图书馆正面临边缘化的风险。除了履行基本职能外，图书馆应该积极承担一定的社会责任，以发挥更加重要的职能，满足公众的期待。图书馆的职能本来就不是一成不变的，图书馆应与时俱进，才能更好地适应服务与发展的需要。

一、传播科学文化知识的职能

图书馆的基本职能是有效地传递知识、信息，因此它需要进行收集、选择、加工和存储知识、信息的物质载体。这些工作都旨在有效传播科学文化知识。

作为国家最基层的文化传播机构，图书馆收集了各类学科、专业、学派的国内外文献。图书馆不仅为我们提供了科技情报信息，还能满足社会各界对情报信息的广泛需求，如政治、经济、教育、文化等方面的情报信息。图书馆的使命是为广大人民群众及各个机关团体和企事业单位传递准确无误的、最新的、最全面的文化知识。这一职责要求图书馆向所有人传递广义的科学文化知识，这些知识来自世界各地，涵盖多个民族、多个方面，并具有不同的表现形式和呈现载体。在图书馆中运用现代信息技术，可以提高传递情报信息的效率，有利于科学文化知识的传递和共享变得更加高效。图书馆在现代社会中扮演着更为重要的角色，成为科学文化知识的中心。

二、促进社会和谐的职能

党中央提出了构建社会主义和谐社会的宏伟战略目标，而图书馆作为一个秉持平等和包容态度的场所，在推动社会和谐建设方面可以发挥积极的促进作用。

在阅读图书时，人们可以提高自身的修养，陶冶情操，甚至可以达到净化心灵的作用。图书馆具备促进社会和谐的职能，在履行该职能时，图书馆应该承担的责任如下。

第一，要积极寻找图书馆的“非用户”，并为其提供具有针对性的服务。

第二，为了减少社会排斥，协助和引导社区居民树立社区身份意识。

第三，为了帮助社会中的弱势群体尽可能地融入社会生活，提高其能力，为其提供信息服务和终身教育服务。

第四，图书馆可以利用自身的优势和各种服务来为社会服务，面向社区所有人开放，为社区提供一个安全的、中立的空间。

三、开发智力资源的职能

智力又称为智慧、智能，作为一种宝贵的资源，智力主要指的是一个人对客观事物的认识能力，同时指代一个人对知识的运用能力。智力作为一种资源，只有对其进行开发和利用才能发挥其价值，否则很难做出应有的贡献，发挥应有的作用。

图书馆开发智力资源的职能具体表现在开发文献信息资源和开发人力资源两个方面。

（一）开发文献信息资源

众所周知，图书馆收录的文献资源是古往今来人类智慧的结晶，是在长期的实践中形成的宝贵财富。因此，我们可以将图书馆收藏的文献资源看作智力资源。我们对文献资源的开发从另一个角度上说就是对人类智力资源的开发。要想对图书馆文献资源进行充分开发，对其中所蕴含的情报信息进行透彻的揭示，就需要通过现代科学技术来实现。此外，图书馆也应该将这些有价值的信息和资源专门推送给有需要的使用者，只有实现对信息资源的充分利用才能将信息资源的价值发挥到最大，才能保证图书馆文献资源开发的有效和彻底，我们也能因此获得相应的精神财富，实现物质财富的再创造。

（二）开发人力资源

人力资源作为一种潜在的资源，在社会发展中有着突出的作用和意义。人力资源和自然资源一样，只有经过开发和利用才能发挥本身的作用。图书馆要实现其教育职能，就需要对自身的智力资源进行开发，也就是说，这二者之间存在着非常紧密的联系。图书馆会为读者提供的服务如下：首先，针对读者的阅读方法展开相关的教育活动，帮助读者掌握最先进的、最适合的学习方法，以此来对读者不良的学习方法进行改进，实现良好的学习效果；其次，帮助读者快速获取其所需要的情报信息，帮助读者快速找到其所需要的信息资源和知识并满足其需求，读者在这个过程中可以提高自身的信息检索能力和情报信息开发能力。图书馆中收录了非常多的文献资源，这些资源可以为读者提供信息服务，帮助读者完善自己的知识体系，让读者在阅读和查阅信息资源的过程中不断提高自身的理论学术修养，陶冶情操，进一步对自身的知识体系进行查漏补缺，实现自身的成长与发展。此外，图书馆还会定期举办各种交流活动，如课题报告会、学术交流会等，读者可以积极参与，在活动中实现自身视野的拓展和思维的更新，在与他人的交流中汲取前沿知识，提升自身的能力和水平，这也从侧面展现了图书馆对自身开发智力资源职能的发挥。

四、信息服务职能

图书馆所具有的信息服务职能具体体现在以下三个方面。

第一，图书馆需要具备管理各种语言、各个民族文化的信息能力。

第二，图书馆应该面向所有读者，为读者提供服务。

第三，图书馆应当为读者提供各种信息，以满足读者的需求。

如果图书馆可以很好地完成以上三点，那么其信息服务的手段可以与互联网相媲美，这也使得广大读者将图书馆作为其获得信息的首选。

我国图书馆目前为读者提供的服务主要包括以下几个方面。

第一，为众多读者提供有关国家机关和政府部门的资讯。

第二，为读者提供与其日常学习、工作、生活息息相关的各种信息。

第三，为个人、企业、商业等提供必要的信息。

第四，协助广大读者了解社区机构和社区服务的相关信息。

第五，对全国文化信息资源共享网进行广泛利用，以此来向社会各个群体提供多样化的信息服务。读者通过使用图书馆的网站，能够获得在线资料参考咨询服务，满足自身的需求。

第六，有条件的图书馆可以为读者提供有价值的消费信息，关于这方面我们可以借鉴国外成功的做法。

五、保存人类文化遗产的职能

自诞生之日起，图书馆一直发挥着传承和保存人类文化遗产的职能。作为人类文明和发展的重要载体和见证者，图书馆会秉承一定的原则来收集与人类发展历史有关的文献资源，以保证人类文化遗产可以得到传承与保存。图书馆也会对这些文献资源进行加工和整理，只有这样，我们才能实现对人类文明和发展史的研究，才能透过史料看清人类的发展与进步，才能取其精华去其糟粕，在前人的基础上进行新的创新与延续。

在人类的发展历程和不断进步中，图书馆有着卓越的贡献和不可磨灭的功绩。在所有文化机构中，图书馆是保存文化典籍最全面、最广泛的地方，其在整个社会系统中拥有无可替代的重要地位。鉴于此，图书馆拥有一项特有的职能，即保存人类知识经验等精神财富的职能。

很多国家为了对人类文化遗产进行完整、系统的保存，制定并出台了很多法令。多数国家还专门制定了出版物的呈缴本制度，我国主要是由图书馆对国内出版物进行系统和全面的收集、整理和保存，建立版本图书馆的初衷也是为了实现这个目的。

图书馆保存文献的手段随着时间的推移以及科学技术的发展取得了很大的进步，获得了极大的改进。当前很多国家都会使用缩微和计算机技术对一些珍贵的历史文献进行保存。1985 年，我国开始开展文献缩微工作，在多年的不懈努力下，我国的文献缩微工作取得了重大成果。最近几年，美国国会为了保存和推广历史文献，制订了“美国记忆”计划，以期制作最完整、最具特色的可以反映美国历史的收藏物。

图书馆在发展过程中应该找到自己的社会职责，这些社会职责不仅是国家所认可的，也是民众所必需的。此外，这些社会职责也应该可以将图书馆的作用充分发挥出来，可以体现图书馆的自身价值以及可以对社会问题进行解决。我们应该立足实际，从本国的国情出发，让图书馆重点建设与自身情况相吻合的、切实可行的职能，以取得最大的实效。基于这个理念，图书馆需要确定自己的使命，并据此制订行动计划，以保证这些使命得以实现。为了能够获得更多的投资，图书馆需要赢得政府部门和投资者的认同与支持，这对图书馆的发展而言至关重要。图书馆每项职能的有效发挥都离不开必要的保障，只有具备充足的资金，图书馆才能成功克服当前的困境，提升自身品牌形象，并更好地为广大读者提供服务，进而为社会主义现代化建设贡献自己的力量。图书馆只有始终代表中国先进文化的前进方向，才能永葆活力。

第四节　图书馆所处的信息环境

一、信息需求环境

随着人类社会的发展，我们步入了信息时代。得益于社会经济的高速发展以及科学技术的不断进步，社会生活的各个组成部分之间的相互依赖性得到了增强，在这样的社会背景下，人们对图书馆的期待不仅是得到书刊和文献方面的信息，更期望获得一系列经过加工、组合、构筑的知识和信息。在信息化社会中，人们对信息的需求量变得更加广泛、丰富、大量，并且对信息的品质和层次要求越来越高，这样就形成了图书馆新的信息需求环境。

二、技术环境

图书馆事业发展的重要推动力之一是科学技术。纵观图书技术的发展，从传统的印刷术到缩微复印技术，再到声像技术，每一项技术的进步都为图书馆的发展带来了新的契机。在如今的信息化社会中，现代信息技术的发展与进步促进了图书馆事业的蓬勃发展，也为图书馆的发展带来了新的机遇。所谓现代信息技术，主要指的是一种新技术体系，以计算机和通信技术为代表，可以加工、处理和存储图像、声音、文字以及各种传感信号的现代技术，可以帮助我们更高效地管理和利用信息。现代信息技术的出现对文献资源建设的各个方面产生了影响，也深刻影响了社会成员获取信息和利用文献信息的方式。

现代信息技术的发展与进步可以使文献管理机构摆脱以往的“各自为政”状态，各个文献管理机构可以借助计算机和互联网将文献单位按地区或按系统组织起来，以此来实现文献的联合采集、编目、地区性保存和共享。现代信息技术可以使人们非常熟练对文本文献信息进行处理，但是也存在一些问题，这些问题集中在对文本类型以外的其他媒体类型的处理上。在现代信息处理技术的不断发展下，以及在当前的通信技术和信息存贮技术的不断进步下，图书馆必然会产生质的转变，这有利于其进入一个崭新的发展阶段。

三、网络环境

毋庸置疑，建立在互联网基础上的国际性网络在不断发展壮大，正在创造一种崭新的信息环境，即网络环境。图书馆网络是馆际资源共享的结合体，其是由众多的图书馆应用计算机网络结构、现代通信技术，在遵守网络协议的基础上形成的结合体。图书馆的网络特征在于采编部门借助计算机技术，对各种馆藏专题书目、索引进行编制，以此来为读者提供定题服务和回溯检索服务，保证读者可以在短时间内获得其所需的书目，以满足读者对多样化文献的需求。图书馆的网络化功能具体如下：网上采购协调；网上的联机联合编目；网上联机查询服务；网上馆际互借；网络作业规程等。

网络的服务功能会随着网络系统以及高新技术的发展得到不断提高和增强。

在知识经济时代，在信息技术和科技不断发展的加持下，图书馆的信息交流网络化成为其重要的发展趋势。各个图书馆利用网络将自身的资源放到网络上，读者可以轻松查询各个图书馆的信息。读者通常并不在意信息的来源，除非他们需要借阅原件或者查看未在网上提供的全文。图书馆为读者提供及时、准确和易于使用的信息资源是其未来发展的关键影响因素。这就导致当前图书馆面临挑战，亟须改革，为未来的生存与发展寻求出路。鉴于此，图书馆应该积极开展资源建设工作，加快馆藏资源的数字化进程，并且将其放置在网络上以便读者查阅，也可以将本馆开发的信息资源进行网络化。归根结底，图书馆拓展资源的首选路径为“上网”。

第五节　图书馆面临的挑战

一、信息社会的挑战

人类社会因为信息高速公路将会产生巨大的影响和革命性转变。在这种影响下，人们的思维方式、生活方式以及价值观念也会随之产生巨大的变化。为了紧跟时代发展的步伐，各行各业都在不断摸索和改变自身的生存和发展模式，这是大势所趋，无法避免。在信息时代，图书馆作为信息收集、保存、传播和交流的场所，必须适应新的发展趋势，紧跟时代发展的潮流。这就要求图书馆立足于信息社会的发展趋势，重新审视自身的作用及地位，明确当前自身所面临的挑战与机遇，只有这样，才能在信息社会中生存和发展。

（一）图书馆进入全自动、电子化发展时期

由于信息高速公路的建设以及现代信息技术的应用，图书馆的发展模式发生了改变，加上如今电子出版物、机读文献的普及，实现了对传统的、单一的、封闭的、以借阅服务为主的运作模式的突破，图书馆的发展也进入了全自动、电子化发展时期。由于信息高速公路，图书馆在人员调配、组织机构、馆藏体系以及读者服务等方面也深受影响，产生了深刻的变革。

1．藏书结构的改变

在传统图书馆中，藏书结构主要是纸质文献，但电子文献的猛增使得这一藏

书结构发生了改变，这对图书馆而言，不管在馆藏形式还是在总体布局方面都会发生翻天覆地的变化。电子出版物得益于现代信息技术的发展与进步，不管是文字信息、图像信息还是声音信息等都可以使用体积很小、重量很轻的磁盘或光盘等介质进行存贮，并且可以存贮非常大的信息量，这实现了对传统书架的存贮劣势的弥补。此外，电子出版物自诞生之初，就具备了利用计算机进行信息存取、检索、识别、传递、再现和利用的能力。借助计算机，人们能够迅速有效地获取所需信息，还可以通过联机网络实现对信息收藏和服务范围的扩展。因此，图书馆传统的藏书结构势必会被改变。

2. 服务对象的转变

随着图书馆自动化和网络化程度的不断加深，局域网逐渐扩展至国际网络，从而实现国际上信息资源的共享。同时，随着时间的推移，图书馆的服务将有所调整，服务范围、方式、内容和对象也将得到拓展和改变，这使得服务对象可以覆盖全国乃至全球。这意味着图书馆原本的书刊管理、书刊利用和馆藏研究将发生转变，逐渐转变为信息资源开发、信息资源管理和信息资源利用研究。

（二）图书馆的影响力被大大削弱

现在，人们主要通过网络满足自身对信息的需求，这将对图书馆产生强有力的冲击。图书馆能否适应未来社会的发展和需要，能否在有实力的网络信息传播公司的冲击下生存，将成为图书馆急需解决的重要问题。随着竞争对手的增多，传统图书馆的影响力显著减弱。随着信息服务机构数量的急剧增加，它们正在迅速掌控着信息市场并深刻影响和动摇了传统图书馆作为主要信息提供者的地位和影响力。因此，这对传统图书馆来说是一种严峻的挑战。如今传统图书馆迫切需要解决一个问题——必须重新审视图书馆的地位、作用，思考图书馆的运作模式，以适应时代的变化和需求。

二、知识经济的挑战

（一）对图书馆馆藏资源的挑战

随着现代信息技术的不断进步，电子出版物、计算机网络信息资源也逐渐增多，加之多媒体的出现，导致图书馆出现转型，从原本的文献借阅场所转向网络知识、信息集散地。图书馆的文献收藏对象也随之发生了改变，从原本的唯一的以印刷型出版物转变为电子出版物以及复合文本文献（包括声音、图像、影像）。

此外，随着信息高速公路的发展和网络的普及，用户现在可以获取更广泛的文献信息。用户可以在办公室、教室或家中方便地检索和获取全球各大图书馆的文献信息，无须前往实体图书馆。因此，在未来，图书馆取胜的关键将不再是馆藏量的大小或书刊资料的丰富程度，而更多地取决于其提供的各种电子媒体为读者提供存取信息的速度和方便程度。

（二）对图书馆服务方式的挑战

图书馆的服务质量一方面可以在馆藏资源上体现出来，另一方面可以在服务能力上体现出来。传统图书馆主要的工作内容为收集加工文献、整理文献、使用文献，具体的资源范围限制了管理与服务，这必然导致其资源利用率较低，很难与当前知识经济时代读者的信息需求相吻合。广大用户的信息需求随着不断发展的现代信息技术以及多媒体技术、互联网技术朝着纵深方向发展。为了实现自身的发展，图书馆应该对自身的服务方式进行改变，在提供原本传统服务的基础上对各种信息渠道进行拓宽，尽可能最大限度地利用文献信息和检索工具，以此来为读者筛选、加工所需的信息。除了担任文献中心和信息中心的角色，图书馆还应承担信息交流的责任。

（三）对图书馆馆员素质的挑战

在知识经济时代，随着缩微技术、电子出版和互联网的发展，图书馆拥有的资源不断扩大，已经远远超出以往的规模。因此，对图书馆馆员的要求也在不断提高，他们不仅需要掌握印刷文献的处理和整理技能以及一般图书馆学知识，还需要具备熟练运用外语、专业知识和跨学科知识的能力；具备应对最前沿信息技术的能力；善于从大量网络信息中筛选、整理信息；了解信息管理和信息服务的相关知识。这种新型复合型图书馆人才具备快速、准确地为用户提供信息的能力，而且能够积极扩展图书馆服务的范围。此外，他们的知识结构理性、能力结构多元，表现出强烈的创业精神。

三、知识创新的挑战

图书馆在为读者的教学和科研提供服务方面发挥着独特的作用，可以实现新知识的传递、吸收、创新和应用。图书馆的作用是否充分发挥，会在一定程度上对社会创新型人才的培养产生直接影响。传统图书馆在计划经济下建立产生，其运行机制也是基于此，因而不管是图书馆的经费来源、技术手段，还是其用人方法、基本模式以及服务方式都存在一些问题，尤其是在为读者提供的服务质量上表现得尤为明显，其自身职能并没有充分发挥出来。一些专家认为，目前图书馆并未实现成为社会经济发展最为重要的知识资本的目标。要增强图书馆的知识创新能力，就必须深刻认识到图书馆存在的不足之处，进而采取积极措施加以改进，这样才能在提高认识的基础上迎接新的挑战。

四、学习型社会的挑战

学习型社会是一种新型社会，它的特点是人们意识到学习的重要性，并将学习行为作为社会行为的一部分。由于知识往往是不断更新、扩充的，具有非常强的时效性，尤其是科技的快速发展和信息网络的普及使得人们只有持续地增长和更新知识结构才能适应时代的需求。在这一过程中，图书馆就具备更新知识、提高人民文化素质的功能和作用。就图书馆的性质而言，其主要是一个非营利的文化机构，致力于保护人类的文化遗产；对文献信息进行收集、整理、存储、传播和利用；为读者提供相关的科学文化教育和信息服务。图书馆具备多方面的职能，如情报职能、教育职能、文化职能，旨在为社会各阶层的人们提供资源等公益服务，致力于提升人们的科学文化素质和满足人们的文化需求。由此可见，图书馆为人们提供了可以灵活自主学习知识的场所，为人们学习知识带来了便利，其在传播人类知识、实现终身教育方面具有无可比拟的优势。它创造了全新的学习环境，使得全民学习和自我提升成为可能。总的来说，图书馆是创建学习型社会的最佳平台。我们需要认真面对现代图书馆遇到的诸多挑战，如经费不足、文献资源建设落后、人员不足等问题，同时图书馆应该在思想、人员、技术、物质等各个方面做好充分的准备，以迎接学习型社会的到来。

第二章　互联网环境下的图书馆信息资源管理

本章为互联网环境下的图书馆信息资源管理，主要围绕四个方面进行了阐述，分别为信息资源建设概述、互联网环境下的图书馆数字信息资源采集与创建、互联网环境下的图书馆数字信息资源存储与整合以及互联网环境下的图书馆数字信息资源知识产权保护。

第一节　信息资源建设概述

一、信息资源建设的概念

“信息资源建设”是一个图书馆专业术语，在西方通常被称为馆藏建设或者馆藏发展。信息资源建设这个概念于 1995 年前后开始在我国广泛使用，目前国内学术界对信息资源建设概念的理解还不完全一致，主要有以下两种理解。

（一）情报学界对信息资源建设概念的理解

随着国外信息资源管理理论进入国内以及我国正式与国际互联网接轨，信息资源建设就成了情报学理论界的研究内容以及信息机构的工作内容。1995 年 3 月印发的《关于开展全国信息资源调查的通知》对全国数据库和电子信息网络资源进行了调查；1997 年 4 月印发的《国家科委关于加强信息资源建设的若干意见》将数据库建设确定为信息资源建设的重点。从这些文件中我们可以看到，情报学界所说的信息资源建设主要是指网络信息资源建设。

（二）图书馆学界对信息资源建设概念的理解

图书馆学界认为，资源是经过人类筛选、采集、组织、加工、开发，并可以存取和满足人类需求的各种媒介信息的有机集合。[①] 换句话说，信息资源包含制

① 赵洁．高校图书馆信息资源建设研究[M]．北京：海洋出版社，2018．

品型的文献信息资源和非制品型的数字信息资源。对于信息资源建设的定义，比较有代表性的有以下三种。

第一，信息资源建设主要指的是各个图书馆从自身的任务与性质出发，对各种信息资源进行有计划、有系统的规划、选择、组织、收集，以此来建立具备特定功能的信息资源体系的全部活动与过程。

第二，信息资源建设是指对各种混乱无序的媒介信息进行筛选、收集、分类和加工、组织、开发等活动，以创建可供使用的信息资源系统的整个过程。

第三，信息资源建设是指在满足读者需求的基础上，对各种媒介信息进行有序的规划以及有系统的选择、采集、组织和开发等活动，从而形成一个可利用的信息资源体系的过程。

二、信息资源建设的内容

从信息资源建设的工作流程的角度看，信息资源建设主要可以概括为以下五个方面。

（一）信息资源建设基本理论与方法的研究

在信息资源建设过程中，研究信息资源建设的基本理论和方法是重点内容，这对于建设高质量的、优质的信息资源体系具有重要指导意义。信息资源建设基本理论与方法的研究包括以下两点。

1. 信息资源建设基本理论的研究

关于信息资源建设基本理论的研究，主要包括理论基础研究和基本理论研究两个方面。

（1）理论基础研究

信息资源建设是信息化时代的产物，又是多门学科综合的结果，因此需要融合信息科学、计算机科学、管理学、图书馆学、传播学等多门学科的理论进行研究。

（2）基本理论研究

信息资源建设的基本理论研究内容包括信息和信息资源的含义、类型、特征、发展趋势及社会作用；信息资源建设的含义、内容、影响因素、基本理念、原则、意义、政策、方法以及信息资源利用与信息技术应用等。

2. 信息资源建设方法的研究

信息资源建设是一门应用型学科，具有很强的实践性，因此信息资源建设方法的研究具有重要的现实意义。比如，如何用逻辑思维方法、系统方法、信息方法来研究、分析、解决信息资源建设过程中遇到的问题、困难，如何使信息资源处于最佳的运用状态和最优配置，达到最佳效果，以及如何认识复杂信息资源系统运动过程的规律性。

（二）信息资源整体布局模式

信息资源整体布局是一项非常复杂的系统工程。信息资源整体布局模式的构建应当与我国的经济、文化、教育、科技水平相适应，只有适合国情，讲求信息资源建设的经济效益与社会效益，最大限度地满足人们对信息资源的需求，才能使这一系统工程顺利建成。目前，我国信息资源主要分布在三大系统内：公共系统图书馆、科学院系统图书馆和高校系统图书馆。我国的国情决定了不可能打破现有的隶属体制去建设一个所谓的全国信息中心，但可以在各个系统中分别建立信息中心，然后设立一个全国性的权威机构，站在全国的高度对信息资源建设进行统筹规划、合理布局，通过分工协作，尽可能获取所有重要的信息资源以满足人们的信息需求。此外，在国家层面建立一个多层次、多功能的信息资源保障体系也是有必要的。

（三）信息资源体系的规划

在完善信息资源整体布局的基础上，我们应当重视信息资源体系的规划。信息资源体系是一个具备特定功能的系统，其实现了信息资源各个要素之间的相互作用、相互联系。信息资源体系规划中所蕴含的宏观结构以及微观结构需要按照信息资源体系的功能要求进行设计和建设。

（四）信息资源建设的操作

1. 文献资源建设的操作

文献资源建设在当前的互联网环境下作为信息资源建设的重要组成部分，必须通过拓展和完善自身内容来适应新的需求。文献资源建设具体包含文献的选择和采集，也就是说，通过各种渠道、方式，按照既定的文献资源选择与采集的相关重点、范围、原则、书刊比例、复本标准等来对所需的文献进行采集，实现对实体馆藏资源的不断丰富和完善。

2. 数字信息资源建设的操作

数字信息资源建设需要进行以下操作：一是数字信息资源的选择与采集；二是馆藏资源数字化和数字信息资源馆藏化；三是数据库建设；四是数字信息资源的组织管理。

第一，数字信息资源的选择与采集，主要包含选择与采集电子出版物、网络信息资源两个方面。一是选择和采集电子出版物，我们在这里所强调的电子出版物主要是指以实体形式存在的、非网络传递的单机或在局域网络中镜像存储使用的电子信息资源。在选择和采集电子出版物时，应该从读者的需求出发，着重考察电子出版社的质量，实现电子出版物与其他类型出版物之间的协调与互补，并且需要考虑电子出版物的成本效益。二是选择与采集网络信息资源。免费使用的网页信息资源、付费订购使用的数据库等都属于网络信息资源。网络数据库是一种可远程登录并在线使用的电子信息库，用户需要签订合同并付费才能访问。许多国内外数据库生产商或服务集成商已经开发了多种文献数据库，因此直接购买这些产品或服务是选择与采集网络信息资源的重要手段。

第二，馆藏资源数字化和数字信息资源馆藏化。在基于网络环境的图书馆信息资源建设中，馆藏资源数字化是一项非常重要的内容。图书馆通过使用计算机、多媒体技术、全文扫描技术、存储技术等将馆藏中有价值的印刷型文献数字化，制成可以在光盘或网络上传播的电子文献，而不影响原有文献的内容和意义，这就是馆藏资源数字化。只有将文献进行数字化处理后，才能在网络上共享给大众，满足读者的需求。但馆藏资源数字化并不适合任何规模的图书馆。对规模较大、特色馆藏丰富的图书馆来说，对馆藏文献进行数字化转换是图书馆信息资源建设的重要内容。但对那些资源并不丰富、特色也不明显的图书馆来说未必是正确的，因为这种规模的图书馆很难处理好巨大资金预算与经费有限之间的矛盾。在此情况下，图书馆通过购买方式获取商品化的信息资源也成为数字信息资源建设中的一种重要形式，基于现实情况，大多数图书馆应该优先考虑这种形式。

第三，数据库建设。在数字信息资源建设中，数据库建设是核心。就图书馆而言，数据库建设包含建设联合书目数据库、建设馆藏书目数据库、建设特色数据库。其中，在开发图书馆信息资源的过程中，馆藏书目数据库是基础数据库，主要作用在于使用户便捷地查询并利用馆内的信息资源。通常情况下，联合书目数据库是由一个国家或地区的图书馆等信息机构，在馆藏书目数据库的基础上，通过联机编目建立的反映文献资源收藏处所的书目数据库，有利于地区之间的协作采购，是实现馆际互借、资源共享的基础和前提条件。特色数据库是图书馆特色资源的集中反映，图书馆会在各地区的社会需求的基础上，在整合本系统和本馆的技术力量的前提下，根据经费情况来选择合适的主题，将馆藏资源中的特色文献系统地制作成具有本馆特点的文献数据库或专题数据库，并在网上进行发布，方便用户使用。

第四，数字信息资源的组织管理。图书馆要对购买的数据库资源进行整合，将不同类别的资源加以合理区分，以便用户利用。图书馆还要将购买的数据库与自有数据库无缝融合，全面展示其内容，实现跨库查询，以此实现“一站式”服务，尽可能地为用户利用信息提供便利，并节约其宝贵的时间。另外，数字信息资源的安全管理是当前图书馆面临的一个重要问题，包括数字信息资源载体寿命问题、技术更新问题、数据格式问题以及安全防护问题等。

（五）信息资源的共建共享

进入信息社会，各种信息资源数量剧增，特别是随着数字化进程的快速推进，电子资源数量激增。在数字信息环境下，图书馆再也无法凭借一馆之力来满足用户日益增长的信息需求。因此，信息资源共享成为图书馆所追求的最高目标。信息资源共建是信息资源共享的前提和基础。鉴于此，信息资源共建是信息资源建设的一项重要内容。具体地说，信息资源共建共享在如今的数字信息环境下应该达到以下目标：一是建立科学、完备的信息资源保障体系，实现整体规划，实现图书馆之间的分工与合作；二是建立一个广泛覆盖、易于使用的书目信息网络，使得图书馆能够进行网络公共查询、馆际互借、联机合作编目、统一采购等操作；三是创建一个高效快捷、方便的馆际信息资源传递系统。

三、信息资源建设原则

信息资源建设原则是从信息资源建设实践中得出的科学总结，反映了信息资源建设的客观规律。信息资源建设的实践是随着信息环境的变化、图书馆事业的发展而发展的，同时受到社会经济、政治、科技、教育及文化发展状况的影响，因而信息资源建设原则的内涵也随着社会的发展而不断丰富和发展。因此，在互联网环境下，信息资源建设应该遵循以下原则。

（一）思想性原则

图书馆是文化阵地，肩负着宣传教育、普及科学知识、提高全民素质的重任。所以，信息资源建设是开展思想政治教育的重要途径。积极、健康、向上的信息资源对于人们树立正确的世界观、人生观、价值观和形成良好的道德品质具有重要作用。我国社会发展的现实以及图书馆自身的教育功能要求在信息资源建设中坚持思想性原则。思想性原则要求在信息资源建设过程中重视采集、整合、保存对社会主义现代化建设以及人们的思想道德和行为举止具有指导性意义的文献；

收藏思想健康，具有较高学术价值和艺术价值，能提高人们的思想道德水平和科学文化水平的优秀文献资源；剔除消极、迷信、不健康的负面文献信息，杜绝这类信息的侵袭。总之，在收集、整理、存储各种信息资源时，我们应坚持批判地吸收和继承古今中外一切正确、积极、健康的文化财富，为人类社会的发展增添动力。

（二）实用性原则

实用性原则指的是在规划、选择、收集、整理、组织和管理信息资源时，以满足读者、用户的实际信息需求为出发点，从而最大限度地提高信息资源的实用性。高校图书馆应依据所承担的工作任务，遵循实用性原则，进行信息资源建设；国家图书馆和大型综合性公共图书馆承担着为政府决策和国家的政治、经济、科学、教育和文化发展服务的任务，因此要系统收集、保存各学科有价值的信息资源；而中小型公共图书馆的主要任务是为地方经济、文化发展服务，为满足人民群众学习科学文化知识的需要服务，要重点收藏符合地方经济和社会发展的有关科研、生产、管理等方面的信息资源，以及地方文献和有关群众学习科学文化知识的信息资源。高校图书馆的主要任务是为本校教学和科学研究服务，一方面应该系统地对专业的教学参考书以及教材进行收集，对相关的学校科研任务的信息资源进行收藏；另一方面对各种用户所喜爱和有价值的课外读物进行收藏。专业图书馆的主要任务是为科学研究服务，要紧密结合本系统、本单位的研究方向和研究课题，完整、系统地收集本专业的国内外信息资源，有重点地收集相关学科的信息资源，有选择地收集其他学科的信息资源。

根据实用性原则，图书馆应该结合读者和用户的实际需求进行信息资源建设。读者或用户是图书馆的服务对象，图书馆要完成所负担的服务任务，是要通过为读者或用户提供各种信息资源来实现的。图书馆的信息资源如果脱离了服务对象的实际使用需要，就无法实现它的价值。不同的读者、用户对各种类型的信息需求存在着很大的差异。专家型（研究型）读者、用户更喜欢电子信息资源尤其是网络信息资源，而大众型（学习型）读者、用户更喜欢纸质信息资源；年轻读者、用户更喜欢电子信息资源，年长读者、用户更喜欢纸质信息资源。因此，图书馆信息资源建设要从读者的实际需求出发，了解各种类型读者、用户群的大小，从而掌握各类型信息资源收藏比例。

实用性原则要求图书馆根据图书实际出版、发行情况来配置信息资源。在数字信息环境下，无论是信息资源数量还是信息资源类型都在激增，因此图书馆要了解时下有哪些类型的出版信息资源，从中选择读者、用户最需要的那些信息资源，不能心中无数，盲目或有偏见地只配置某一类型的信息资源，导致有些读者、用户缺少自己喜爱的信息资源。另外，还要关注各类型的信息资源出版数量，从多中选优。

总之，图书馆应根据本馆的服务任务，读者、用户的实际需求，以及信息资源的实际发展情况来配置信息资源，改变传统图书馆以书为本、以“藏”为工作重心的文献资源建设观念，转变为数字信息环境下以人为本、以“用”为工作重心的信息资源建设观念。信息资源建设要从读者的实际需求出发，不做“假大空”、不切合实际的事情。只有这样，才能建立起符合实际使用需要的信息资源体系。

（三）系统性原则

系统性原则强调图书馆在信息资源建设过程中应关注信息资源系统各元素之间的相互关系，以及及时关注信息资源系统与环境之间的联系。

首先，科学知识具有系统性。任何门类的科学知识在时间上从古至今，不断继承、积累，纵向发展，各类知识大量产生，各学科发展日益完善；在空间上从中到外，不同学科之间的相互渗透和交叉日益增加，导致边缘和交叉学科越来越多，各学科知识之间的横向联系也越来越紧密。这体现了科学知识内容的系统性。此外，科学知识的生产具有连续性。例如，各种载体类型的文献都有一定的出版发行计划和连续性，尤其是那些与时俱进的报纸、杂志、系列图书等具备非常强的时效性。

其次，读者对科学知识的需求具有系统性。读者群由具有不同年龄、文化和知识背景的人组成，他们是信息资源的主要使用者。尽管他们对信息资源的要求和使用在外部表现上十分广泛、多样，包括类别、类型、时间、水平、范围和深度等方面，但这些要求和使用从实际上来看都有一定的系统性、专指性。从事系统学习和研究的读者群具备循序渐进的阅读需求，同时具备更加深入和专门的检索需求。为了满足不同读者的系统需求，图书馆需要在信息资源建设过程中，在比例上保持不同类型和载体的合理，对信息资源进行系统收集和组织，并制订总体规划，以确保信息资源的系统性与读者需求的系统性相匹配。

图书馆先应根据主要服务任务和读者需要，将某些学科、专业或专题范围的文献作为重点收集的对象。对于这些重点藏书，从纵向上看，要在内容上保持这些学科内在的历史延续性和完整性，反映出学科发展变化的特点和规律；从横向上看，要广泛收集这些学科各个学派有代表性的专著和有关评论、重要期刊和其他类型的文献资料。此外，图书馆应将长期积累的某些类型的珍贵书刊资料作为特藏。对于特藏书刊，要保持它们的历史连续性和稳定性。

再次，对于一些与本馆服务任务有直接关系的资源，如多卷书、连续出版物、丛书、重要工具书，不能随意中断，应该保持其完整无缺。这种类型的文献资源具备非常强的系统性，不管是其知识内容还是其出版发行形式，一旦出现中断情况，就不能保持其完整性，也就使资源失去了其应有的价值。目前，这类文献很多已经数字化，并通过网络传递，因此图书馆要根据实际使用需要和可能的条件，确定这类文献中哪些应该购买印刷版，哪些应该购买电子版，哪些既要购买印刷版又要购买电子版。总之，要使这类文献配套，形成相互联系、相互依存的系统。

最后，要注意各学科之间相互渗透、边缘交错的内在联系，广泛而有选择地收集相关学科、边缘学科，以及供一般读者学习和阅读的基础书刊。这类书刊涉及学科面广，读者使用面宽，数量大，图书馆应根据需要挑选其中最主要、最有价值的部分收藏，从而形成有重点、有层次的馆藏文献资源体系。

（四）特色化原则

信息资源特色化指的是一个图书馆馆藏信息资源所具有的独特风格，它体现着图书馆馆藏资源的生命力。社会信息资源是一个整体，每个图书馆的信息资源都是这个整体的组成部分。如果每个图书馆的信息资源都具有各自的特色，就能更好地实现地区性，乃至更大范围内的信息资源共享。同时，各类型图书馆除了共同性的任务以外，还分别担负着为某些方面服务的任务，拥有本馆特定的读者群。因此，图书馆必须根据本馆的性质、任务和读者对象的需要，建设能满足特定任务和特定读者需要的信息资源体系。信息资源特色化原则主要体现在学科特色、专题特色、地方特色、文献类型特色四个方面。

1. 学科特色

学科特色是指系统归纳和收藏特定学科或专业文献，使其成为图书馆的独特优势。不管是对专业图书馆而言，还是对高校图书馆而言，学科特色都是非常重要的一点。专业图书馆要围绕自己所服务的科研领域、任务来形成学科特色资源。高校图书馆要想形成专业特色资源，就应该从本校的专业设置出发，尤其关注重点学科专业情况。即使是公共图书馆，也要根据本地生产、科研的重要领域，确定本馆资源的学科特色。

2. 专题特色

专题特色即围绕某些专题（事物、问题、人物等），较为完整、系统地收藏有关文献，形成专题文献特色。例如，有些图书馆建立服装文献特藏、陶瓷文献特藏、旅游文献特藏，有些图书馆建立台湾问题研究文献特藏、东南亚问题研究文献特藏，有些图书馆建立了某位名人的研究文献特藏等。这种专题特色是馆藏特色的重要内容。

3. 地方特色

所谓地方特色，主要指的是图书馆依托于本地区的地理特点、历史文化、经济情况等，系统地、完整地收藏与本地有关的文献，进而形成地方特色。地方文献是最具代表性的地方特色。地方文献指的是包含关于本地区各个方面（政治、经济、历史、文化、科学等）信息的文献资料。地方文献记录了自产生以来本地区历史、经济、自然环境、风俗、文化等方面的信息，是了解本地区过去和现在的重要窗口。它不仅可以为研究本地区提供可靠的资料，也对本地区的经济、文化、科学等事业的发展有着独特的作用，尤其在发挥本地区的优势方面有着重要的参考价值。因此，公共图书馆藏书的地方特色为服务地方经济、科学和文化发展有着至关重要的作用。

4. 文献类型特色

文献类型特色是指从图书馆的任务、历史特点出发，根据藏书协调组织的统筹安排来系统、完整、科学地收藏某种文献类型，形成特色，如某些图书馆的标准文献特藏、专利文献特藏、缩微资料特藏、音像资料特藏等。有些艺术类高校图书馆、国家图书馆或省级公共图书馆收藏的许多音像资料都是很重要的特藏。

信息资源特色化原则除了在资源类型等方面有所要求外，在信息资源数量方面也有所要求。经过长期的积累，图书馆形成了信息资源特色，因此必须有一定数量的信息资源才能保证资源特色的形成。如果数量太少，特色就很难产生。这意味着图书馆需要全面、系统地收集那些已被确定为馆藏特色的信息资源，并将其列为资金分配的优先项目，以确保数量充足。此外，还要看其是否达到完备程度。

信息资源特色化原则除了在信息资源数量上有所要求外，在质量方面也有所要求。特色的形成与信息资源数量相关，但仅有数量并不足以形成特色。特色形成的关键在于信息资源的质量，只有保证了质量，才能适度控制数量，从而形成特色。首先，从内容上看，图书馆收集的信息资源需要有一定的深度，应该是学科领域的最新资源，可以反映学科领域的趋势和前沿水平。这一点对专业图书馆来说毫无争议。为了维持高等院校图书馆的特色，必须确保本馆馆藏包含符合专业特点的高水平和高深度的大量科研书籍，其中包括足够数量的特藏书、大型成套工具书、外文原版书、特色数据库等。省级公共图书馆除了担负提高广大群众科学文化水平的任务外，也负担着为科学研究与生产服务的任务。因此，省级公共图书馆不仅要收藏为普及科学文化服务的书刊，更要注意收集学术性较强的科学专著、期刊及其他类型的资料，否则难以形成特色。其次，特色化要求图书馆对特色信息资源有着合理的入藏比例，其中对于已经形成了特点的学科领域一定要保证其最新的文献资料在整体资料中占据合理的比例。一般来说，公共图书馆的新书率应在15%～20%，高校图书馆的文科新书率应在20%～25%，理工科新书率应在25%～30%。[①]若图书馆可以达到新书率标准，即可保证馆内所提供给读者的信息与知识是最新、最先进的，这也能使其不断更新信息资源的特色，以应对时间的考验。一旦图书馆不及时增加、更新、补充新的信息资源，那么其原有的特色就会逐渐老化或消失。

重点藏书是图书馆信息资源中的精华，图书馆信息资源的特色也主要体现在重点藏书中。为了履行主要服务任务和服务重点对象的职责，图书馆需要准备一些与学科、专业或专题相关的信息资源。图书馆对于重点藏书应该满足以下要求：第一，需要进行深刻的调查研究，以确保其符合客观实际，保证重点藏书具有很强的针对性；第二，要进行系统的、科学的、全面的收集，要注意历史上的连贯性，同时要考虑不同学科之间的联系，做到纵向与横向的完整与全面，确保资源可以得到及时补充；第三，要保持重点藏书的稳定性，确保购书经费和各种书刊的比例合理，并对局部变化进行适当调整。

核心期刊具有高度的信息密集度，内容质量极佳，所发表论文具有较长的使用寿命，而且与其他期刊相比，其引用率、借阅率、文摘率均较高。核心期刊也代表着某专业领域、某学科的学术水平，预示着发展趋势。基于此，在信息资源中，核心期刊是一个非常重要的组成部分，图书馆应该从期刊的权威性、可靠性、实用性等方面出发，根据自身的实际情况，在考虑读者需求的基础上，谨慎地选择和确定期刊。如果图书馆确定了各专业的核心期刊，那么就应该从各个方面入手，对其给予保证，进行系统性的订购，长期保存。

（五）协调发展原则

在数字信息环境下，不仅信息资源数量激增，而且类型多样。因此，图书馆

① 李振华．数字信息环境下图书馆信息资源建设与共享[M]．北京：九州出版社，2012．

应根据本馆的实际情况以及读者、用户的需求特点进行资源配置，并使之协调发展，以充分满足读者、用户的各种信息需求。在数字信息环境下，图书馆首先要注意各学科信息资源的协调发展。各学科信息资源协调发展指的是在兼顾一般学科的基础上主要保证重点学科、特色学科信息资源的持续发展。不要因某类图书出版得多就不加选择地订购，而是要根据学科建设的需求情况而定。其次要注意各语种信息资源的协调发展。读者、用户对外文信息资源的需求量是不同的。中文信息资源一直是我国读者、用户利用的主要信息资源，但近年来，读者、用户对外文信息资源的需求量逐年攀升。一般来说，读者、用户对外文科技类信息资源的需求量较大，对社科类外文信息资源的需求量较小。因此，外文信息资源建设要根据读者、用户对各学科信息资源的实际需求情况来发展。最后要注意各种载体的信息资源协调发展。近年来，用户对电子信息资源的需求量越来越大，其中需求量最大的是中文全文电子期刊，其次是外文全文电子期刊；用户需求面也越来越宽，不仅是对书目数据库、电子期刊数据库有需求，对电子图书数据库、专题数据库、各种教学视频库等都有需求。一方面，要注意根据用户对各类型电子资源的实际需求情况来配置电子资源；另一方面，要注意纸质信息资源与电子信息资源的配置比例，从而促进各种信息资源的协调发展。

（六）共建共享原则

共建共享原则是指一个地区、一个系统、一个国家乃至全球的图书馆之间建立广泛的合作关系，科学规划，分工协作，共同建设互为利用、互为依存的信息资源联合保障体系。在数字信息环境下，信息资源共建共享变得更为必要和迫切。信息技术的发展和网络环境的形成也为信息资源共建共享提供了强有力的技术支持。海量的信息存储系统、高速和成本低廉的传输手段、联机联合目录及各种电子化的检索工具等，都为信息资源共建共享创造了有利条件。因此，图书馆要从整体目标出发，对信息资源建设进行统筹安排、科学规划、合理布局。各图书馆要在服从整体目标的前提下，建立本馆有重点、有特色的专门化信息资源系统。不同的图书馆相互协作，共同采集、整合信息资源，以形成一个较为完备的、科学的、全面的信息资源联合保障体系，以发挥各自的优势，实现相互补充。同时，通过建立于现代信息技术基础上的馆际互借和文献传递系统，各馆可以相互利用资源，从而实现广泛的信息资源共享。

（七）经济性原则

经济性原则是指合理利用有限的采购经费实现文献信息资源的最佳配置，达到信息资源和采购经费的有效利用，最大限度地满足读者的信息需求。在当前市场经济的冲击下，书刊、数据库价格上涨速度过快，文献资源激增，电子资源不断推陈出新，但经费有限，因此信息资源采集数量在不断下降。在这种情况下，图书馆既要节约经费，又要充分、合理、高效地利用经费，提高信息资源采集的质量，准确地掌握采集范围、重点以及复本基数，充分收集、利用网络免费资源，集团采购电产资源，以满足用户的不同需求。不错购、不多购、不重购，同时防止漏购。在信息资源建设过程中，图书馆要经常性地对本馆的投入和产出效果进行评价，以便指导以后的信息资源建设工作。

（八）互补性原则

互补性原则就是实体馆藏与虚拟馆藏相互补充、相互依存的原则。由于印刷型文献符合读者的阅读习惯，其开架率较高，不仅能满足读者的浏览需求，并具有较高的利用率；同时，印刷型文献不仅在政治上具有可靠性，而且在学术上具有非常强的权威性，并且在知识产权和版权保护上，其也拥有健全的法律法规。因此，印刷型文献在各种信息资源载体中的重要地位不会改变。除了上述优点外，实体馆藏资源还存在一些缺点，如有限的藏书数量、较慢的更新速度、较低的复本率。实体馆藏资源如今处于网络环境下，已无法满足广大读者全方位、多元化、个性化的信息需求。网络信息资源与实体馆藏资源相比更加丰富，并且借助网络具备非常高的传播速度，这足以凸显网络信息具有强大的生命力以及非常强的服务功能。依托于网络所具备的强大功能，电子期刊、电子图书、数据库等在现代信息资源中发挥着重要的作用。在信息资源建设中，图书馆应将实体馆藏和虚拟馆藏信息资源建设结合起来，独立于实体馆藏的虚拟馆藏是不存在的，二者之间并非竞争关系、独立发展关系，而是协调关系，只有将它们的优势互补，才能更好地承担信息资源保障的重任，建立更为科学、更为完善的信息资源体系。

（九）安全性原则

图书馆在加工、存储、传递和管理信息资源时，在借助网络为终端用户提供信息服务的过程中应该加强系统的安全性，这就是安全性原则。在开发建设信息资源的过程中所涉及的安全有多个方面，包含网络安全、数据安全、信息安全等。只有选择一些技术较为成熟的、有着稳定性能的信息存储与网络设备，才能保证信息资源的安全和可靠。图书馆可以借助管理系统的各种功能，如诊断、监测、故障隔离、过滤、在线修复等来保证拥有可靠的数据和安全的网络系统；在资源开发过程中，应强化产权和保密意识，确保不会侵犯知识产权所有人的合法权益，并且不会泄露有关国家或组织的机密信息。

四、信息资源建设的意义

（一）信息资源建设具有较高的经济价值

信息资源建设将杂乱无序的信息转化为有用的重要资源，这会给社会带来巨大的价值。在我国的国民经济发展以及社会发展中，信息资源是一种非常重要的战略性资源，可以为社会成员提供非物质形态的社会财富。在社会信息产生之初，信息常常处于散乱、随机、无序甚至失控的状态，属于无序信息流，人们对于这些无序信息流很难进行直接利用，很难将其转化为有效的资源。之所以进行信息资源建设，主要目的在于整理无序信息流，使这些信息资源整合为有序的体系。从微观上看，信息资源建设要对信息资源进行鉴别、筛选、采集、加工、组织、剔除、管理；从宏观上看，信息资源建设要对信息资源进行统筹规划、合理布局、科学调控，从而建立起多层次的信息资源保障体系，使信息真正成为一种可以利用的资源。信息资源一旦作为生产要素投入社会生产过程，与物质资源、劳动力资源相结合，就会产生倍增效应，为社会创造巨大的财富。

（二）信息资源建设便于获取、利用信息

信息资源建设有助于人们便利地获取和利用信息。信息资源建设因现代信息技术的不断进步和发展而得以拥有更先进的技术支持，这使得信息的加工与处理早已超越了仅仅描述信息形式特征的层面，进一步实现了对信息内容深层含义的深挖和揭示。信息资源建设在现代信息技术的支持下构筑了庞大的数据库体系，开发出文字、图像、声音、动画及多媒体等多种信息载体形式，拥有巨大的信息存储能力和多途径、多入口的检索能力，信息内容之多、信息量之大前所未有。同时，在网络条件不断改善、通信条件不断增强的情况下，信息资源建设可以让人们突破时空的界限对自己所需要的信息进行获取，无须外出便可查阅到各地图书馆所发布的最新书籍和期刊，同时能便捷地访问各国的文献资源和有用数据。这为人们最大限度地获取有用信息奠定了基础，为人们利用信息带来了极大的便利，拓宽了人们的视野，提高了人们认识世界、改造世界的能力。

（三）信息资源建设保障了服务活动的开展

信息服务机构进行服务活动的前提和基础是优质的信息资源建设。信息服务

机构自诞生起，其职能主要是依靠采集、存储、管理和提供信息资源服务来实现，从这一角度来说，在信息服务机构中，信息资源成为开展各种活动以及为用户提供各种服务的基础和前提条件。鉴于此，在图书馆核心能力的建设中，信息资源建设成为重要的前提和基础。从一定意义上讲，读者服务是现代信息服务机构的中心任务，是保障信息服务机构获得持续竞争力的重要因素，然而这并不意味着它可以削弱甚至取代信息资源建设。如果信息资源建设工作没有实现采集、存储、整理与开发信息，那么任何形式的信息资源服务都是无源之水、无本之木。信息资源建设为信息服务机构开展服务工作、发挥服务职能提供了基础与保障。

（四）信息资源建设具有重要的精神力量

信息资源建设具有非常重要的精神力量，一方面可以促进社会的进步与发展，另一方面能提高人们的素质。信息资源和物质资源之间存在一个显著差异，即信息资源具有独特的人文社会功能。信息资源可以促进和影响社会生产力与生产关系，还对人的发展有着直接影响，可以引导人们变革生产生活方式。人只有在充足的社会交往中才能培养出良好的社交能力、提高自身素养，以及实现全面发展的目标，才能实现人的社会化。人的全面可持续发展在现代社会中之所以由理想化的模式转变为一个可以操作的过程，原因之一便是社会信息量的迅速增长和广泛形成的信息资源，这也是人的素质得以快速发展的重要原因之一。正是信息资源的传播、获取、利用、转化提升了人们的科学内涵，提高了人们认识世界和改造世界的能力，这也使得信息资源建设在人们素质提升的过程中有着重要的推动作用。人的现代素质提升的程度又最终决定社会全面发展的程度，所以信息资源建设对于促进社会进步具有重要的精神力量。

第二节　互联网环境下的图书馆数字信息资源采集与创建

一、数字资源

（一）数字资源的采购原则

随着信息载体的多样化和互联网环境的形成，用户对数字资源的需求不断增长，图书馆数字资源的数量逐年增加，各图书馆购买的数字资源经费占图书馆文献资源总经费的比例不断上升，数字资源已经成为图书馆馆藏的重要组成部分，这是传统图书馆向互联网环境下数字型图书馆转变所带来的必然结果。同时，数字资源的价格模式、采购方式、服务方式复杂多样，且很多数字资源以一个数据库的形式整体订购，金额巨大，因此数字资源建设需要制定明确的指导原则。

1. 整体性原则

整体性原则是数字资源建设的第一原则。当前，各种类型的文献资源数字化比例在逐步增长，数字资源已经成为图书馆文献服务的主体。数字资源建设需要与纸质等传统文献资源建设相协调，适应信息环境的变化，从学科、语种、文献类型、回溯存档等方面进行资源的整体规划和优化配置，最终形成一个完整的信息资源保障体系。

2. 优先配置原则

对研究型机构或图书馆而言，文献是资源购置的主体。数字资源相对于印本资源，购置成本更低，在相同的经费下，优先配置数字资源可以大幅度充实馆藏。从成本效益、时效性、用户需求等方面看，数字资源优先配置原则适用于大部分文献资源，但国内出版的中文图书还不能做到电子图书和纸本图书同步发行，很多热门书的作者也不同意签署电子版授权协议，因此数字资源优先配置原则在目前还不适用于中文图书。

3. 效益性原则

采购是数字资源建设的主要途径。由于资源建设经费有限，为了将资源建设经费的效能发挥到极致，用有限的经费购买更优质的资源，就必须考虑效益性问题。研究机构或图书馆应据此原则评估和选择数字资源供应商，并据此选择数字资源的采购方式、许可模式和许可期限，确定数字资源的支付方式。

此外，为提高数字资源建设的效益，还应定期开展数字资源的评估工作，为数字资源建设提供决策支持。

4. 用户参与原则

用户参与原则是数字资源建设应遵循的开放性原则。数字图书馆的用户具有二元属性，用户既是数字资源的消费者，也是数字资源的创建者。数字资源建设不应是图书馆馆员单方面的行为，而应该是图书馆馆员、资源和用户互动的过程，是用户参与和用户评价的过程。并且在这个过程中引入用户参与和评价机制，有利于提高数字资源的适用性和实用性。

5. 保障性原则

保障性原则是数字资源建设应遵循的职能性原则。目前，在网络环境中，人们倾向于将数字资源作为其获取信息和发现数据的首选方式。在我国的科研活动、科教与教学活动以及生产等创新活动中，越来越多的数字资源起到支撑作用，已成为我国科技创新的战略性资源之一。鉴于此，数字资源战略保障有两个方面的核心内容：一是永久使用；二是长期保存。基于此，图书馆需要在对国内外优质的数字资源进行采集的基础上，确保数字资源能够长期有效并且可以随时访问进行存取。数字资源的保存是以数据为基础的，除了数据本身、描述的元数据以及数据的结构，数据所用的硬软件数据也必须保存。

6. 共建共享原则

相对于传统的纸质资源，数字资源的灵活性更表现为资源共建共享的便捷性。数字资源联盟采购的模式有利于区域性图书馆联盟的形成，联盟内通过镜像站点或专线等方式使用数字资源，避免数字资源的重复建设，使信息资源布局更加合理，最终实现数字资源的共建共享。遵循这一原则最典型的案例就是国内联盟采购 PQDD（数字化博硕士论文文摘数据库），每所高校根据自身的学科需求，每年订购一定数量的学位论文，集中放在服务器上，供参加该项目联盟采购的各高校师生共享。

在经费有限的情况下，要从众多良莠不齐的数字资源中进行选择，有一定难度，因而制定采购选择的标准十分重要。将采购数字资源所依据的原则归纳为六个方面，是作为实践指导性原则，并不能囊括所有因素，在实际操作中需要全面综合地考虑各种因素。事实上，整体性原则和优先配置原则需要相互协调；要综合考虑数字资源的效益成本和用户需求，不应顾此失彼；数字资源建设的保障性和区域间的共建共享既是一种原则，更是从数字资源战略管理的角度来建设和发展数字资源的标准。

（二）数字资源的采购方式

1. 集团采购

所谓集团采购，指的是两个或两个以上图书馆由于各种共同的条件或特点（共同的目的、共同的兴趣、共同的需求），为了实现资源共享、利益互惠，遵循集团协议共同参与同商业数据库商的谈判（外商为主），联合购买数字资源或联合获取数字资源的采购方式。这种方式已成为大学及研究图书馆采购数字资源的主要方式。

集团采购是在数字资源费用越来越昂贵的背景下产生的，很多图书馆自身难以承受信息资源高昂的价格，不得不寻求合作伙伴以分担压力，集团越大，享受的优惠就越大。另外，数字资源供应商也十分愿意通过集团的方式来加快其销售速度，降低售后的服务成本，此举还可以加快供应商的市场渗透速度，扩大市场份额。简言之，这是一个双赢的方式。

集团采购具有很大的效益。因为在与数字供应商进行谈判时，集团代表可代表所有参与集团的图书馆成员，可以节省每个图书馆相关人员的时间和精力，可以为每个成员馆争取到最大的利益，如集团可以根据自身的实际情况以及用户的实际需求，要求信息资源供应商做一些适当的改动，保障广大用户的权益；集团的馆员之间必须加强沟通与交流，抱成一团，共享信息资源、人力和财力，以此来降低成本，提高效益，充分发挥整体的效益。

但是，集团采购也有一些不容忽视的缺陷，如成员馆之间由于种种原因拖欠分摊的数据库款、培训不到位等问题影响了集团组织的稳定性。

2. 个馆采购

个馆采购与集团采购恰巧相反，是由图书馆单独采购数字资源的采购方式。大多数情况下，各馆采购的数字资源因经济条件限制，价格都不会太高。采取此种方法需要注意的是购买的数据库一般没有拥有权，只有获取资源权，一旦停购，就会失去所有的资料。因此，在进行购买时一定要严格把关，最好成立多部门联合的采购小组，这样不仅能加强部门之间的合作，发挥部门优势，还能对采购的数据库资源进行全面掌控。

3. 捆绑采购

捆绑采购是指采购的信息产品不是单一售出，而是必须和其他的信息产品一同售出。数字资源供应商之所以采取这种手段是为了推销某些信息产品，扩大盈利空间。例如，Spring 数据库商为了推销外文期刊，推出购买 Spring 数据库时如果想要在价格上获得一定优惠，就必须购买一定的纸质期刊。在这种情形下，如果文献信息购置费有一定的保障，从用户的需要和数据库的价格考虑，图书馆一般会接受这种采购方式，而商家同时售出纸质期刊和数据库，就赚取了更多的利润。

（三）数字资源的采集程序

1. 试用、分析、评价

试用指的是数字资源供应商与图书馆在购买前对提供的信息资源进行提前试用。在试用之前，供应商和图书馆都应提前做好宣传和统计工作。宣传工作使得更多的用户获得试用的消息，以便从侧面检测出用户对该资源的欢迎程度。统计工作可以直接从数量上反映出资源的应用范围和受欢迎程度，可以在一定程度上为购买该资源提供参考。

对购买的信息资源进行全面的分析和评价则是决定是否购买该资源的重要阶

段。只有经过分析和评价的信息资源才能判断出其使用价值。评价一般应考虑以下几个方面。

第一，收录内容。收录内容时要注意了解数据库的学科范围，查看数据库的收录数据是否提供全文、提供年限，以及与现有资源的重复状况。

第二，检索功能。检索功能是反映数据库质量的一个重要指标，一个质量好的数据库除了资源内容丰富外，还应该具备完善的检索功能。

第三，连接方式。查看是否设有专线或本地镜像、是否有连接数的限制。有些数据库对同时连接人数（并发用户数）有限制，并发用户太少也会影响使用。

第四，试用情况。试用连接次数与检索次数，注意收集用户的反馈情况。

第五，学科权衡。分析是否为重点学科、是否属于用户应用广泛的学科。如果数据库使用者广泛，适用范围广，则应考虑购买。

2. 订购、验收

经过试用、分析、评价以后，确定某数据库是本机构需要购买的数据库，接下来可以和数据商就有关价格、服务要求进行谈判，签订合同，汇款，到财务报销，最终由技术部负责安装，供用户使用。

二、网络资源

随着互联网的快速发展，网络已成为获取信息资源极其重要的途径。然而，很多高质量的网络资源来自出版商或数据商，用户必须付费订购才能获取。与此同时，互联网中还蕴藏着大量免费信息资源，但这些资源零散无序、优劣混杂，用户难以发现和鉴别，这是利用免费网络资源时面临的最大障碍。因此，应用现代信息技术和计算机技术，将网上分散的、有价值的信息资源进行收集、筛选、整合，使之有序化和实现知识增值，有着非常重要的实际意义。

（一）网络资源采集的策略

就目前情况而言，数字信息资源的创建仍以购买各种商业数据库为主，免费网络资源的采集是数字信息资源建设的一种补充和扩展方式。网络资源的数量巨大，但分布广泛、质量不一，因此必须经过有选择的采集，并进一步整理组织加工，才能最终提供给用户。为了避免网络资源采集的随意性、无计划性和盲目性，让资源采集工作体现应有的效果，在实际操作中应该考虑以下四种策略。

1. 按需采集策略

网络资源的采集首先要从用户的实际需求出发。与资源采购类似，网络资源的采集也必须遵照机构制定的资源建设政策，根据本机构所涉及的学科领域、用户的学术水平有的放矢。由于图书馆对网络资源采集所投入的人力、物力有限，对所采集的学科内容必须有所选择。一般将本机构的重点学科作为采集重点，还要考虑有待采集的信息资源所涉及的学科，两者尽可能匹配才能让采集的资源发挥更大的作用。

2. 互补性策略

免费网络资源的采集可以从数量和内容两个方面对本机构的信息资源建设做进一步补充和丰富，实现采购、自建和采集的数字信息资源相辅相成，为用户提供合理、有效的信息资源保障体系。网络上免费的电子图书和开放获取期刊是对机构采购书刊的有益补充。机构自建的数据库一般资源类型和数量都非常有限，如学位论文、会议论文、预印本等，通过采集和利用其他机构的特色资源，可以大大增加资源的数量，并极大地丰富数字信息资源的内容。

3. 高质量策略

虽然网络资源很丰富，但其质量良莠不齐。因此，在采集过程中，必须根据资源的质量予以筛选，尽可能取其精华、去其糟粕，为用户采集整理具有一定利用价值的信息资源。例如，考察电子图书是否符合教学研究的规划、是否来自优秀的出版社；电子期刊是否经过同行评审、是否被SCI（科学引文索引）或EI（工程索引）收录、影响因子如何；科技报告是否出自权威机构；等等。采集高质量的网络资源，并将这些资源及时地推送给用户，才能充分体现采集工作的实际效果。

4. 动态更新策略

互联网上的信息资源具有更新快、时效性强等特点，因此网络资源采集并非一劳永逸之事，必须进行定期追踪，不断添加或更新最新的内容，发现信息过时、链接失效的网站，也要及时予以剔除。网络信息资源的动态更新维护极其重要，只有确保最新信息源源不断地被采集进来，才能保持所采集资源的活力，激发用户的使用热情。

（二）网络资源采集的选择标准和方式

网络资源建设的整个流程包括在互联网上收集、筛选、组织、整理、发布信息资源等各个环节。网络资源采集是资源建设的前期工作，主要涵盖了“采”和“选”两部分工作内容。“采”即收集，“选”即筛选。网络资源数量大、良莠不齐，要保证所收集的资源可以被利用，如何进行筛选是工作重点和难点。网络资源的筛选可以在不同阶段进行，根据收集工作的先后顺序，可分为收集前、收集中和收集后。图书馆在收集网络资源之前，可以事先选择与自身需求相关的权威性较强的信息源；收集过程中，也可以通过限制学科主题剔除无用信息，做到有选择性地收集：收集工作完成之后，可对所收集的资源进行审查，评价资源的内容质量，决定是否保留并进一步整理组织。

1. 网络资源的选择与评价标准

网络资源的筛选主要是对大量信息材料进行选择和评价，有效剔除无用信息，选取所需要的信息资源。具体标准包括以下几点。

（1）适用性

网络资源所属的学科主题应适合本机构的用户群体，编写语种能被多数用户阅读。此外，应有专门的机构或人员对资源内容进行维护更新，使网络资源具有可持续发展性。

（2）权威性

考察网站信息发布者是否为权威机构或有影响力的知名机构，专业性网站评价机构对该网站的评价如何。

（3）准确性

资源标题应当准确、简洁地表达内容的核心思想，所涵盖的内容应与标题相符合，内容应可信、精确、客观，不带明显倾向性，且不存在或只有极少的语法和拼写错误。该网络资源与外部资源的链接也应准确、有效。

（4）独特性

考察网络资源所包含的信息是否为该网站独有，网站发布的是否主要为原始信息，转载或指向其他网站的链接比例是多少。

（5）时效性

网络资源应能及时反映最新的发展动态，具体可考察信息发布时间、最后更新时间以及更新频率。

以上五项标准可以大致衡量网络资源的优劣，实际操作中可根据具体的需求进行扩充。中国高等教育文献保障系统中重点学科网络资源导航系统的资源评价标准，除了强调资源内容及其质量的重要性，还考虑了影响实际利用的资源形式。例如，中国科学院国家科学数字图书馆在建立数理学科门户网站时，对网站的权威性与声誉有更详细的要求，如网站是否经过权威评价机构的评价、网站是由谁赞助的、网站信息发布者是否权威、信息是否经过过滤等。

2. 网络资源的采集方式

网络资源的采集方式多样，可从不同角度进行划分。

从主要采集者的角度看，可分为图书馆馆员采集和用户采集两种方式。传统的资源采集者通常是图书馆馆员，用户只是被动地接收这些资源，这种方式的采集过程相当简单，但容易出现采集结果与用户的资源需求脱节的现象。

从网络资源采集深度的角度看，可分为资源链接采集和资源内容采集两种方式。资源链接采集即把与用户需求相关的网站链接收集起来，并建立网站资源导航，用户通过浏览资源列表了解这些网站的介绍，然后点击链接进入各网站进一步查找资源。资源内容采集即将网络资源下载下来并长期保存，实现资源的馆藏化，用户可以在图书馆的网站中检索、浏览、下载这些资源。相比之下，资源内容采集的工作量很大，因此可以在有条件的情况下对一些重要的网络资源进行下载和馆藏化，这样可以避免由于网络资源不稳定而造成资源无法利用的情况，但在下载过程中必须特别注意版权问题。

（三）网络资源采集技术

1. 人工采集

搜索引擎是目前最流行的人工采集网络资源的工具。搜索引擎是一种自动化的信息检索系统，能够根据一定的规则和算法，自动从互联网上收集、组织、处理信息，为用户提供检索服务，展示相关信息，是万维网环境中的信息检索系统。一个典型的万维网搜索引擎包括网页采集、索引、检索三大模块。网页采集模块通过一些种子统一资源定位系统（URL）中的超链接，以宽度优先、深度优先或启发式方式在互联网中发现相关信息。索引模块处理分析所采集的网页信息，从中抽取索引项，并生成索引表。检索模块主要用于接收用户输入的查询内容、显示查询结果、提供用户相关性反馈。

综合性的搜索引擎，如百度、雅虎等，是用户最常用、最熟知的搜索引擎。但这些搜索引擎的检索结果往往多而杂乱，对于某种特定检索需要难以提供精确结果。针对网络学术资源的检索，可以利用专门的学术搜索引擎来对大量的无关信息进行筛选和避免，这使得检索结果具备专业性和相关性。某些搜索引擎推出了免费学术搜索服务，具体包含研究机构的网页、学术出版商的网站、收费的学术资源提供商、开放存取期刊和知识库等，资源中包含多种类型的学术文献，如期刊文章、图书、会议论文、技术报告、预印本等。

2. 自动采集

（1）网页采集

网页采集是一项基本技术，主要应用于搜索引擎检索、页面有效性分析、网页数据挖掘、个性化信息获取、站点结构分析、内容安全检测等服务与研究中。网页采集技术有着多种形式，从采集范围来看，可以分为面向整个网络的信息采集和主题网络信息采集。面向整个网络的信息采集一般应用于门户网站等通用搜索引擎和大型的网络服务提供商。由于这种信息采集的目标是整个网络，采集范围广而数量巨大，所采集的页面内容多样，但专业性不强。为了更好地满足专业性的信息需求，产生了主题网络信息采集。这种信息采集技术可以对与预先定义好的主题相关的页面进行搜寻并采集，具有一定的选择性。主题网络信息采集相对于面向整个网络的信息采集，更加专注于收集与主题相关的页面，因此能够大大节省时间和空间，更快地更新所保存的页面，使得采集的页面更接近网络当前的真实状况。

（2）RSS 技术

简易信息聚合（Really Simple Syndication，RSS）技术是一种常用的信息推送技术，采用网络摘要格式规范，用来发送和汇集网页内容和元数据的 XML 格式，这种元数据可以包含标题、日期、内容和链接。RSS 技术通常被用于新闻、博客和其他按时间顺序排列并经常更新内容的网站。RSS 技术具有来源多样又不失个性化、信息的时效性强、信息发布的成本低、垃圾信息少以及便于本地内容管理等特性。RSS 技术适用于已知信息源的增量信息采集，有助于及时发现最新的信息资源，对网络资源的更新与维护有着实践意义。

（3）Mashup 技术

在网页开发领域，Mashup（混聚）表示将通过多种渠道多个信息源的数据、应用功能聚合起来，创建并呈现新的网页服务。Mashup 技术通常通过公共应用程序接口（Application Programming Interface，API）的方式获取资源，目前微软、雅虎、亚马逊等许多公司都公布了自己的 API。上海交通大学图书馆利用 Mashup 技术抓取了维基百科词条、亚马逊图书目录、豆瓣书评等网络资源，当用户在其门户网站上检索时，在检索结果中会显示与检索内容相关的词条、目录和书评，大大地丰富了用户的信息资源检索体验。

三、自建数字资源

（一）自建数字资源的概况

1. 自建数字资源的特点

（1）突出馆藏特色

自建资源在选题上能够体现馆藏特色。我国图书馆独具特色的文献资源相当丰富，各馆自建数据库选题从馆藏特色出发，体现了信息资源的价值。从多数图书馆将自建资源归入“特色资源”栏目，可见各图书馆对自建资源的定位。例如，各高校图书馆将学位论文资源作为自建资源的重要内容，充分体现了馆藏特色。

（2）基于地域特色

研究和开发馆藏地方文献资源是省市级公共图书馆和高校图书馆自建专题数据库的重要选题。高校图书馆建设的敦煌学数据库、巴蜀文化数据库、蒙古学文献信息特色数据库都与高校所处地理位置有关。辽宁省图书馆所建关于东北抗战方面的数据库就达 10 余个，类型涉及书目库、索引库、图片库、视频库、人物库、事件库等，充分挖掘了地方特色和历史题材；中山图书馆的广东地方文献全文库将各种粤版文献进行了整合，展示了广东地方文献的发展和特色；上海图书馆的“上海年华”项目主要是对馆藏地方文献中的图片资源进行挖掘和整理，将图片数字化后提取各种元数据信息，以便更好地解读这些图片。

（3）富于时代特色

自建数据库富有时代特色，是由图书馆信息服务的特点决定的。为用户提供服务是图书馆的文献资源开发与建设的最终目的，社会对信息的需求是建设数据库的根本动力。各个图书馆在进行数据库选题时，应该重点关注社会在信息方面的时效性需求。例如，清华大学图书馆的清华文库是机构库研究实践的成果；又如，上海图书馆建立世博信息库就充分考虑了世博会在上海召开的重要意义。

2. 自建数字资源存在的问题

（1）标准化与规范化的问题

一些自建数据库没有考虑到元数据的标准，没有采用国际元数据标准或按照 CNMARC（中国机读目录）格式处理数据，影响未来馆际的数据交换和数据访问；检索命令不规范，同一系统中有不同的检索命令，让用户不适应；由于不规范的标引，同一数据库中的文献信息存在使用不同方式进行标引的情况，其中包括使用主题词、关键词或任意词等不同标引方式，这种不一致性导致文献信息的检索存在误差和遗漏的情况，影响了检索效率。

（2）各自为政和重复建设

自建数据库需要体现各个学校和机构的馆藏特色、专业特色和地方特色，但自建并不是不需要协作。同一学科的资源导航，各高校图书馆重复建设，采集和组织的信息不够全面完整，范围也不够宽，没有有效形成资源互补和共享的机制；一些图书馆的学科导航、特色专业数据库存在学科面窄、容量有限的情况，从建库规划到数据库功能等方面缺乏整体性、协作性，从而导致自建数据库的使用率不高。

（3）数据库类型单一，专业特色不突出

目前，图书馆数据库建设的主要基础是馆藏常规文献，注重书目和学位论文，因此缺乏针对全文和图形图像及事实方面的数据库，根据学科建设、专业特色和地区特色进行文献深加工的专题数据库不多，很少提供增值服务。

（4）数据更新和资源整合的问题

对一些图书馆而言，在建成数据库之后，维护工作一直处于滞后状态，或者非常缓慢，一些公共图书馆的自建资源链接无法打开，部分数据库的数据和信息没有补充和更新，对后续服务不够重视，影响了用户的使用；统一检索和资源整合的问题也未得到充分重视，多数图书馆尚未将自建资源纳入图书馆统一检索平台，通过图书馆 OPAC（开放的公共查询目录）检索系统和跨库检索系统无法有效检索自建资源，影响了自建资源的有效利用。

（5）数据库知识产权保护意识薄弱

自建数据库的知识产权问题主要涉及数据采集和服务过程中的知识产权。自建数字资源是在馆藏文献数字化，网络资源的选择、鉴别和整合的基础上形成的，数据来源比较复杂，在部分内容的选择上有很强的独创性，应受到著作权的保护。但部分自建数字资源网页上未见图书馆关于知识产权保护的申明，图书馆的知识产权保护意识还有待加强。图书馆可以利用《中华人民共和国著作权法》（以下简称《著作权法》）、《中华人民共和国反不正当竞争法》、《中华人民共和国合同法》等法律维护自建数据库的合法权益，促进自建数据库的发展。

整体而言，国内图书馆在自建数字资源方面取得了较大的成绩，资源内容体现了明显的地域性和学科特点，但在数据库的建设标准、元数据规范方面还有待加强，资源的更新和系统的维护还有待于重视，资源整合和系统检索机制亟须加强研究与开发，这样才有利于有效的全国性的文献保障系统的形成与共享。

（二）自建数字资源的类型与原则

1．自建数字资源的类型

（1）按照载体形态划分

按照载体形态，自建数字资源可分为现实资源和虚拟资源。

现实资源是指由信息服务机构进行采集、收藏以及整理的一些数字资源，主要在该信息服务机构中完成储存，信息服务机构拥有所有权，也具备对资源的支配、利用、修改、更新等权利，具体而言，包含信息服务机构自己建立或购买的数字化文献，是以光盘、磁盘、磁带等为载体形态的有形数字资源。虚拟资源是指在互联网上共享的信息资源，其主要依托于计算机系统，通过通信设备得以实现，也就是说，这些数字资源只能获得使用权而非所有权。

（2）按照媒体形式划分

按照媒体形式，可将自建数字资源分为文本文件、静态图像文件、音频文件、视频文件、三维虚拟影像。文本文件是最为基本的一种媒体形式；静态图像文件主要是指通过数字设备采集或制作的画面，通常以 GIF、JPEG 等文件格式存储；音频文件主要是指录入的各种声音和歌曲等形成的文件，通常以 WAV、MP3、MIDI 等文件格式存储；视频文件主要是指适用视频捕获的数字影像，通常以 AVI、MPEG 等形式存储；所谓的三维虚拟影像，是指所显现的信息主要以立体三维的形式存储的文件，其信息模式主要是 VRML 组织。

（3）按照文献类型划分

按照图书馆对文献的传统分类方法，可将自建数字资源分为电子图书、电子期刊、电子报纸和电子数据库。

（4）按照信息加工深度划分

按照信息加工深度可将自建数字资源分为全文型数字资源、文摘型数字资源、书目型数字资源。全文型数字资源涵盖了许多种类的资料，如图书、期刊论文、报纸、专利、政府出版物、标准的全文数据库等。文摘型和书目型数据库，包括期刊目次数据库、馆藏书目数据库等。

（5）按照信息内容的表现形式和用途划分

按照自建数字资源的内容表现形式和用途，数字资源可分为全文型数字资源、事实型数字资源、数值型数字资源、书目型数字资源、其他类型数字资源等。全文型数字资源指的是各种文献类型的全文；事实型数字资源包含城市或地区的介绍、企事业机构名录、工程实况及记录、字典、指南、手册、百科全书、参考工具等；数值型数字资源包括企事业机构名录、指南、字典、百科全书、手册、参考工具等；书目型数字资源包括各种目录、索引和书目数据库；其他类型数字资源包括各种静态图像、音乐和视频等各种媒体资源。

（6）按照适用对象划分

按照适用对象，可将自建数字资源分为通用数据库和特色数据库。前者包括馆藏书目数据库、新书全文数据库等，后者包括学科专业特色数据库、学科网络导航数据库、特藏数据库等。这种划分方式方便需要了解相关内容的浏览者直奔主题。

（7）按照来源划分

按照自建数字资源的来源，可将之分为数字化资源和原生数字资源。数字化资源是对版权已过期的图书、文献资料采用扫描、光学字符识别等处理技术进行数字化，形成数字资源的基础部分。这类资源以经典著作和古代文献为主。目前，原生数字资源尚没有一个统一的认识和定义。国外的原生数字资源定义强调原生数字资源的唯一形式是数字形式。例如，Word Spy 是美国著名的新词汇搜索网站，它将原生数字资源定义为“仅以数字形式产生和存在的一种信息资源”，而联合国教科文组织将其定义为“除了数字形式再没有其他载体形式的信息资源”。[①] 对于原生数字资源的定义，国内学者主要看重的是其数字原创性，但没有确定数字形式是其唯一的表现形式。鉴于此，国内学者对原生数字资源的定义有如下两个方面的内容：一是网络原生数字资源；二是具有原创性的并在利用、传播、保存中出现的其他非数字形式的信息资源。在信息技术迅速发展的今天，与其他资源相比，原生数字资源有其自身独特的内涵，对此，其定义应该可以将其在网络环境中的内容与独特特征描绘和反映出来。鉴于此，我们可以对原生数字资源下如下定义：原生数字资源是指那些在互联网活动中直接生成的或者仅以数字形式在互联网上发布、交流、传播、利用、保存的网络信息资源。

总之，由于自建数字资源具有复杂性，按照不同分类标准划分的各大类数据库之间并不是并列关系，而是交叉关系，一个数据库可以从多个角度进行分类。到目前为止，尚未形成一种普遍可接受的、全面而深入的、统一的描述数字资源内容和特征的分类方法。

2. 自建数字资源的原则

(1) 标准化原则

标准化是自建数字资源建设应遵循的技术性原则。数字资源建设的目的是通过知识网络实现用户对数字资源的发现、识别、分析、选择、获取与应用。因此，用户与系统、系统与系统之间的有效沟通成为关键，这就要求图书馆在资源建设中必须采用标准化的技术，也就是说，在资源建设中必须遵守资源采集、资源加工、资源描述、资源整合、资源发布、资源典藏与复用等相关技术标准和规范，这不仅有利于用户发现和传递数字资源，提高其可用性，更能够满足广域的资源共享和增值应用的需求。

(2) 特色化原则

特色化原则是自建数字资源首先要考虑的因素之一。数字资源的采购近些年呈现同质化，自建数字资源成为各机构重点建设的数字资源部分，也是最能体现

① 李海鹰．原生数字档案无缝隙管理模式的构建目标[J]. 兰台内外，2015 (5)：36.

机构特色的资源，因此也被认为是数字资源创建最有特色的组成部分，意义十分重大。图书馆必须研究自己的读者群，明确馆藏的建设方向，制定相应的馆藏特色建设方针。

（3）系统性原则

系统性原则是自建数字资源建设的整体性原则，图书馆应站在馆藏整体发展的高度，连续不断地收集和积累信息资源，维护资源的连贯性和完整性，并将这一理念贯彻在自建数字资源采集的整个进程中。在数字出版环境下，图书馆只有洞察用户需求的变化趋势和馆藏建设的发展规律，掌握印刷资源、自建数字资源、网络资源的特点和优势，使其协调发展，才能形成连续系统、完整统一的馆藏体系，为用户提供全面、系统、精准的服务。

（4）协调协作原则

协调协作原则是指在自建数据库的选题、数据采集和文献利用等方面，注重地区之间、省市馆之间、高校馆与公共馆之间的协作和分工，加强协调，避免重复建设，互通有无，实现资源共享。根据需要和可能，可按单位、按地区共建共享专题特色数据库，集中人力、物力和技术力量，以这种方式建设数据库，并且要以协调协作为基础。

（5）建设与服务同步原则

建设与服务同步原则是自建数字资源建设应遵循的动态性原则。各种类型的资源建设都是一个循序渐进的累积过程，自建数字资源同样有一个不断采集、不断补充的过程，建设与服务同步就是以服务用户为核心，在建设中及时地收集用户的信息反馈和使用统计，适时修订和调整阶段性建设目标和重点，在服务中发现问题并解决问题。

第三节　互联网环境下的图书馆数字信息资源存储与整合

一、存储体

（一）存储体的定义

存储体作为一个计算机系统的主要作用在于对图书馆里的数字化资料进行存储。存储体是数字图书馆中的书架，它可大可小，可存储数百万计的数字对象，也可以存储单个对象。在一些情况下，一个移动代理携带了一些数字对象，也可以称它们为存储体，然而，多数存储体会直接将信息保存进文件系统或数据库中，并在向世界还原展示数字信息时进行界面的巧妙和精心设计。

存储体是一个存储数字资源的计算机系统，由硬件和软件两大部分构成。硬件主要包括存储设备（光盘库、磁盘阵列、磁带库和存储交换机等）和服务器等；软件主要包括存储设备管理软件和数据库系统等。

第一次真正用计算机存储图书信息的尝试可追溯到 20 世纪 60 年代后期，当时面临一系列的技术障碍，如昂贵的计算机、简陋的用户界面以及网络的缺乏，加之存储成本很高，因而早期的应用局限于那些保存少量在线数据的领域。其中我们熟知的一个成功的范例是美国国会图书馆开发的 MARC，这是一种可供机器阅读的目录格式。美国联机计算机图书馆中心利用 MARC 在众多图书馆中共享编目记录，为这些图书馆节省了可观的费用。

在图书馆数字资源建设初期，人们并没有意识到存储体的重要性，没有依据不同的数字资源选择不同的数据库和不同性能的存储设备，满足不同用户群体的不同需求。所以，最初的数字资源的存储与管理是孤立的，人们没有将其作为图书馆系统的一部分。有关的存储设备性能较差，甚至许多图书馆没有专用的存储设备，多种数字资源与其他服务器共用一台服务器。而有关的管理软件主要是依赖数字资源供应商的选择或推荐。现在，尽管某些数字图书馆已成功地将关系数据库用于存储体，但相比于数字图书馆所需的复杂对象模型，关系模型的灵活性较低。这样的数据库存储系统既不能很好地存储更为复杂的数字资源，又难以满足读者对信息服务日益增长的需求。因而，我们必须依据数字资源的特点和读者需求来选择合适的存储体。

（二）数字资源存档与存储介质

1. 新媒体带来的新问题

数字信息与其他信息格式一样，经历着整个生命周期的运动。在此期间，数字信息被创造、编辑、分类、描述、传播、使用、接收、修订、注释、重新创作。这些信息可能会被删除，也可能会被保留以备将来之需。不同的原因会导致信息在存储、存取及传输的过程中遭受破坏。

数字对象的存储是以数字格式来完成的，存取也是使用数字方式。尽管存取数字对象可以借助如磁带等载体或者是通过电子网络来实现，但归根结底还是需要依靠相应的设备，需要借助电子操作方式与电子显示软件来实现。数字信息与传统信息有所不同，传统信息的长期保存就意味着所保存的信息具有可存取性，但是数字信息并非如此，如果被保存完好的数字信息在当前的设备中没有办法被读取，那么这些信息与被损毁的信息没有什么区别。数字信息的长期可存取性维护工作不仅涉及费用问题，还涉及技术问题，并且涉及管理和法律方面的问题，在这些因素的综合影响下，数字信息的长期可存取的难度有所增加。

从远古到现在，书写记录技术经历了持续不断的变化。今天，我们已经有能力去存储详细的位图图像，也能将成千上万的信息内容存储在海量光盘上，这是技术的一大进步。但令人遗憾的是，进步与后退拴在了一起：当媒体记录信息的能力随时间呈指数级增长时，存储信息的媒体寿命却以相同比例下降，这是因为新技术并未将新媒体的持久性作为首要考虑的条件去设计与生产。也就是说，同传统文献一样，数字媒体的质量与寿命对数字信息的保存是至关重要的，数字媒体的损坏直接影响着数字信息的留存。

新设备、新的处理方式与新的软件以2～5年为一周期更新换代，使得记录、存储与检索数字信息的手段与产品迅速地发生变更。数字技术变革的速率还在不断加快，在这种背景下，再增加数字媒体的寿命已显得没有太大的必要。实际上，技术淘汰要比数字媒体的损坏对数字信息的保存与存取具有更大的威胁。

2. 数字资源存档

存档不是简单地将位串从一个旧介质上拷贝到新的介质上，还需要保留解释和处理这些位串的方法。正因如此，将信息从一种格式转换成另一种格式，或从一种类型的计算机转换到另一种类型的机器上的信息移植工作有可能成为数字存档的主要形式。

常规存档区别于保存和保藏。保存关心个别的物品，保藏则注重保留内容，哪怕原来的物品已腐朽或已经毁坏。数字化存档对应的技术是刷新（保持精确位串）和移植（保持语义层的内容，而不是位串）。刷新和移植需要定期进行。商业记录能够保持较长时间的原因在于有一批人被雇用来做这件事。这是他们的工作，他们还将负责其他相关工作，如安全问题、备份等。然而，很多的数字馆藏除了现今的用处之外，没有谁去负责信息的保藏工作。

3. 存储介质的选择

数字图书馆理想的存储介质是能够以较低的代价存储大量数据的介质，同时能支持快速存储和读取信息，而且非常可靠并经久耐用。现在，最常用的存储介质主要有磁介质和光介质。它们的性能不同，在数字资源存储系统中分别承担不同的存储任务。

（1）磁介质

磁盘是现代计算机系统中标准的存储介质，其容量从几百兆到几千兆字节。磁盘的速度对数字图书馆系统而言是足够的，因为从磁盘中读取数据的速度比网络上传输的速度快。而且磁盘的价格下降速度非常惊人，甚至比半导体价格的下降速度还快。

磁盘的弱点是不可靠性。磁盘上的数据很容易丢失，一个原因是硬件故障，另一个原因是被程序覆盖。为了避免数据丢失，标准的方法是定期将数据拷贝到其他介质上，通常可以拷贝到磁带上，这样可以自动纠正简单的错误。但对长期存储来说，磁盘和磁带都不可靠。

常用的磁介质备份存储设备有磁带机、自动加载机和磁带库，它们各自的速度和容量不同，用处也不同。我们在对磁介质备份设备进行选择时，可以选择不同档次的设备，设备的选择取决于需要备份数据量的大小、备份速度和自动化程度。

（2）光介质

光盘是电子资源常用的存储载体，除了3.5寸的磁盘以外，光盘可以说是目前电脑上最普遍的存储介质了。光盘具有随时读取的特性，虽然在资料读取速度上没有硬盘的速度快，但大容量的特性很适合存放数据资料。目前，刻录光盘设备有两种：一是仅可以写一次的CD-R；二是可重复读写的CD-RW。若资料日后不需要再修改，可以使用CD-R存放资料。而且目前空白的光盘很便宜，每1MB单位成本只要0.02元左右，非常经济划算。若只是暂时将资料储存于光盘中，可以使用CD-RW可重复读写光盘，但储存资料的过程是比较花费时间的。总的来说，利用光盘进行资料交换或备份非常经济，同时很方便，是一种非常不错的数据存储介质。

与前面两种类型相比，光盘式驱动器在容量、性能和使用的盘片方面都有明显的优势，但是它的速度逊色于活动硬盘。基本上，它只能用作保存数据的工具。然而，由于其价格低廉且易于储存，仍有一部分用户选择使用它。

二、网络存储

（一）网络存储的概念

从技术的角度来说，网络存储非常简单易懂，它是存储区域网络（SAN）和网络附属存储（NAS）的组合。SAN非常适用于高性能的应用，NAS非常适用于文件系统共享。网络存储与直接存储（DAS）相比有什么变化呢？它可以将有关的存储管理工作整合到一起，实现统一的管理：统一备份所有存储、统一配置存储、统一升级存储、统一保护存储和统一管理与全天候支持存储。

（二）网络存储的特点

网络存储的威力不仅体现在它可以节约存储成本，还体现在它可以节约服务器和人员成本。网络存储可以整合存储，当多台服务器和应用系统都可以共享一个存储池时，存储的利用率将会大幅度提高。网络存储还可以整合服务器。首先，网络存储不需要很多通用文件服务器，因为NAS可以取代它们的功能。其次，网络存储不需要单单为了添加更多的磁盘而购买更多的存储阵列，因为SAN可以增强存储空间。最后，由于服务器和存储系统的减少，管理也会变得轻松得多。另外，网络存储的每兆字节的总拥有成本要比DAS低47%。使用SAN、NAS或者两者组合的用户，可以节约大量的成本，如安装成本、软件成本、网络硬件成本、备份硬件成本、存储硬件成本以及最大的成本——人员成本。

1.DAS

DAS是指将存储设备通过SCSI（小型计算机系统接口）接口或光纤通道直接连接到一台计算机上。DAS非常适合服务器在地理上分散分布的环境，或者存储系统必须直接连接到应用服务器上的场合。

DAS的不足在于没有独立的存储操作系统，不能提供跨平台的文件共享功能；数据存储模式是分散的，各系统下的文件需要分别存储；没有自身的管理软件，数据管理需要第三方软件支持；数据只能异地备份，且安全性较弱。不过，这种模式的好处是前期投入低，但后续成本大，总拥有成本高。另外，在这种以服务器为中心的存储模式下，工作站通过局域网接口和网络连接，然后取得一个或多个普通文件服务器上的共享文件。这种存储模式不仅给网络服务器带来了额外负担，也导致网络性能的降低和用户等待延迟时间的明显增加。

2.NAS

NAS是英文“Notework Attached Storage”的缩写，中文意思是“网络附加存储”，按字面理解就是连接在网络上、具备资料存储功能的装置，因此也称为“网络存储器”或“网络磁盘阵列”。NAS是一种专业的网络文件存储及文件备份设备，其解决方案采用了局域网（LAN）中的成熟的以太网技术。NAS设备可以利用TCP/IP协议，在LAN上收发数据。NAS包含一台服务器、一个操作系统，以及由网络中心中的很多其他服务器和客户端共享的存储。因此，NAS是一个设备，而不是一个网络基础设施。共享存储连接于NAS服务器上。为了消除存储受限于直接连接特定服务器的局限性，我们可以为存储设备分配 LAN 地址，这样就可以利用 LAN 矩阵任意地将存储设备连接到任何设备。几乎所有操作系统的用户都可以远程访问存储设备中的文件，这主要是通过接触网络访问协议来完成和实现的。此外，用户可以利用软件在 LAN 中执行多种任务，如备份到磁带，从而在多台服务器之间共享价格昂贵的硬件资源。

另外，NAS 具有很多优点，因而可以克服直接连接存储设备的限制，解决由 SAN 所导致的复杂问题。

第一，利用现有的基础设施。为了尽可能地降低部署成本，NAS 可以对现有的 LAN 基础设施进行利用。

第二，简化部署。由于 NAS 设备能够连接到通用的、标准的、成熟的 LAN 基础设施上，而且具备标准的 LAN 地址，所以一般情况下安装、使用和管理非常简单和方便。这种操作方式不仅可以将风险降低，而且能减少人为原因导致的失误，提高易用性，进而进一步降低总成本。

第三，更多的选择空间。存储决策独立于服务器决策，因而让技术人员在寻找符合他们业务需求的设备时拥有更多的选择空间。

第四，连通性。通过 LAN 部署，网络中的任意设备都可以进行无限制的连接，而 NAS 设备则可以连接到多个网络，使得它可以支持更多的用户。

第五，可扩展性。在单个装置的配置所允许的范围内，NAS 装置的容量和性能可以得到扩展。但是，这可能会受到一些因素的影响，例如 LAN 带宽的限制，以及避免限制其他 LAN 流量的要求。

第六，异类文件共享。NAS 装置中，远程文件共享是基本功能之一，也就是说，多个客户端可以访问该设备中的同一个文件。

第七，提高可管理性。凭借集中式存储支持多个应用系统的特性，可达成集中式存储管理，从而提高管理效率。

第八，增强的备份功能。NAS 装置具备的备份功能是当前绝大多数常用软件包的通用功能。

第九，降低总体拥有成本。因为可以使用现有的 LAN 网络基础设施，而且很多组织已经具备了相关的网络管理技能，所以 NAS 的成本可能远低于直接连接存储或 SAN 连接存储。

3.SAN

SAN 是一种通过光纤集线器、光纤路由器、光纤交换机等不同的连接设备构成光纤通道网络，将磁盘阵列或磁带库与相关服务器连接起来的高速专用子网。

SAN 提供了一个专用的、高可靠性的基于光纤通道的存储网络，允许独立地增加存储容量，也使得管理及集中控制（特别是全部存储设备集中在一起时）变得简化。而且光纤接口提供了远距离连接，这使得物理上分离的、不在同一个机房的远距离存储变得容易。

SAN 基本上是由 SAN 服务器、SAN 存储、SAN 互联设备和 SAN 管理软件构成。SAN 以光纤通道为基础，实现了存储设备的共享；突破了服务器与存储设备通过 SCSI 连接的距离限制和直连存储容量的限制；服务器通过存储网络直接同存储设备交换数据，释放了宝贵的 LAN 资源。SAN 通过以下三种方式支持服务器与存储设备之间直接高速数据传输。

第一，服务器到存储设备。这是服务器与存储设备之间传统的相互作用模式，其优点在于服务器可以串行或并行地访问同一个存储设备。

第二，服务器到服务器。SAN 可用于服务器之间的高速大容量数据通信。

第三，存储设备到存储设备。通过这种外部数据传输能力，可以在不需要服务器参与的情况下传输数据，从而使中央处理器处理周期更多地用于其他活动，如应用程序处理等。这样的例子还包括磁盘设备不需要服务器参与就可以将数据备份到磁带设备上，以及跨 SAN 的远程设备镜像操作。

三、图书馆信息资源的整合

（一）信息资源整合概述

信息资源整合属于宏观意义上的信息组织。“整合”作为术语最先在数学和物理学中表达部分与整体的关系。20 世纪 80 年代后，在文学、社会学、心理学、生物学、哲学等学科中也出现了“整合”。在不同的学科中，“整合”的含义是不同的。信息资源整合中的“整合”包括综合、融合、集成、整体化、一体化等含义。信息资源整合是由于在互联网背景下社会步入信息化、网络化、数字化时代，数字信息资源大量出现，各种数据库大量产生，各种类型的网络资源检索工具层出不穷，数字图书馆日益增多。

1. 信息资源整合的含义

在信息资源优化组合中，信息资源整合是一种存在的状态，是在一定的条件和需求下，融合、类聚和重组已经实现了一定程度的、有序化的、各个相对独立的信息系统，对信息资源体系进行重新构建，使其具备更高效率、更好效能的发展过程与结构。

信息资源体系在经历了信息资源整合之后，其以逻辑为基础，或以物理为基础。物理信息资源体系包含一个中央数据库，为所有成员信息系统所共享，同时每个信息系统成员还拥有自己的数据库系统；中央数据库在逻辑的信息资源体系中并不存在，逻辑的信息资源体系只是逻辑意义上的各个信息系统整合后的统一表达。

信息资源整合活动一般是在信息资源组织发展到一定程度后才能进行的。信息资源整合是宏观意义上的、横向的信息资源组织，它强调了不同信息系统之间的横向联系，强调了信息资源之间的整合和重新组合，以及注重整体资源之间的共享。

2．信息资源整合的必要性

长期以来，信息资源的开发、利用、检索和发布往往都采用独立的信息资源组织方法和系统。它们各自独立运作，没有有效的沟通交流，导致信息和资源的分布有些无序、分散、混乱。然而，现实是用户有着多样的和复杂的信息需求，这导致用户检索和利用变得更加困难，具体如下。

第一，缺乏有效的交流与沟通。各个信息系统采集的资源会存在一些交叉或重复，这会对用户选择与获取信息资源产生影响。

第二，标准不同。由于标准存在差异，检索途径和方法也存在差异。同时，各种检索软件采用不同风格的检索界面，这给用户带来较大的学习成本，导致用户花费更多的精力和时间用在检索上，检索效率并不高。

上述两方面表明，如果不对信息资源进行合理有效的整合，必然使用户陷入不得门径而入的困惑境地，这与以用户为中心的信息服务原则背道而驰，还会导致信息资源的低效利用。基于此，我们对信息资源整合问题进行深入和透彻的研究是非常有必要的。

此外，我们还可以从信息资源整合起到的作用进一步说明信息资源整合的必要性，具体如下。

第一，信息资源整合可以使不同的信息系统之间实现有效沟通，对相关的信息资源之间的联系进行了揭示，这有利于用户方便获取高质量的信息资源。

第二，信息资源的整合使各个独立的信息系统的信息资源得以系统整合，并且拥有了风格一致的用户检索界面，用户在使用时不需要在各个信息系统之间来回跳转浪费时间，这使得用户的负担得以减轻，在一定程度上也提高了信息资源的利用效率和检索效率。

第三，信息资源整合促进了信息资源组织过程中整合意识的形成，推动了信息资源组织标准化的进程。

3. 信息资源整合的目的

信息资源整合的目的在于将信息环境从局部的无序状态转化为整体的有序状态。具体来说，其包含以下几个方面的内容。

（1）降低信息资源的混乱程度

各个信息系统都是独立的，它们之间存在着内容上的交叉和重复，或者存在冗长拖沓、关联程度低等问题，因此信息资源杂乱无序。整合信息资源意味着将各个信息系统中的资源进行整合，形成一个新的、有序的信息资源体系。这样做可以降低信息资源的混乱程度，同时不影响信息意义。

（2）加强用户与信息系统的互动与联系，实现信息资源利用率的提高

用户在检索时，因为各个独立的信息系统之间有所差异而产生不便，造成了时间和精力上的浪费。鉴于此，我们应该在原有的信息组织基础上，从用户的需求出发，明确信息系统之间存在的差异，对信息渠道进行疏通，只有这样才能提高各个独立的信息系统和用户的接触率，从而实现信息资源利用率的提高。

当然，整合信息资源后，可能会限制各个独立信息系统的个性化检索功能的发挥。但这绝对不是信息资源整合的目的，随着信息资源整合理论与实践的不断深入发展，这些局限性会逐渐被克服。

（二）信息资源整合的基本原则

信息资源整合的原则应是对全局和整个整合过程都起指导作用的准则。信息资源整合应遵循的原则主要有以下四个。

1. 前瞻性原则

信息资源整合的前瞻性原则就是要求立足现在，放眼未来，即在进行信息资源整合的过程中，不仅要从信息资源机构未来的发展需要出发，以前瞻性的眼光，采取各种方式方法调整现有的信息资源结构，使其更加科学合理，同时需要最大限度地开发现有的信息资源，使其得到充分的利用。

需要注意的是，坚持前瞻性原则也需要根据国家、地区、系统以及本单位信息资源的实际情况，对信息资源进行整合重组，以达到提高信息资源的利用率、促进信息资源的开发、满足社会复杂的多样化需求的目的。

2. 特色化原则

受到地缘、业缘等关系的影响，信息资源机构收集到的信息资源大多是经过长期积累，并具有其特色的资源。因此，在进行信息资源整合的过程中，一定要注意优先开发本单位有特色的信息资源，如地方特色、专业特色、类型特色、文

种特色等；在信息资源整合项目的选择上要分清主次，突出自己的重点和特色，在信息资源整合的方式、方法、技术手段上要鼓励创新，形成自己独特的方法、技术。

3. 效益性原则

在整合信息资源时，应当注重经济和社会效益，力求以最少的投入获取最大的产出。整合信息资源不仅能够提高信息资源的价值，还能带来一定的经济效益。此外，信息资源整合还需要创造良好的社会效益，促进整合意识的形成，提高人们的信息意识和信息素养。

4. 需求导向原则

信息资源整合并不是盲目的，而是有针对性、有目的的，它从用户对信息资源需求的角度出发，为了应对新形势，信息资源机构需要满足用户新的需求。在整合信息资源时，应考虑用户需求，以满足用户的需求为导向，进行调查与分析，这是展开任何工作的起点。用户如果因为整合之后的信息资源体系而产生信息资源使用障碍，那么信息资源整合也就没有了意义。当然，需求导向并不意味着被动迎合用户的需求，而应积极主动地培育用户的新需求，使信息资源得到更充分的利用。

（三）信息资源整合的层次与方式

在具体的信息资源整合实践中，并非所有的信息资源整合都在同一水平上进行，而是呈现多层次性。

1. 表现层的信息资源整合

整合表现层的信息资源主要集中在整合信息源方面。在确定的标准下，组织和引导分布存在的信息源。信息源也就是信息的来源，其一般是链接的形式，因此表现层的信息资源整合需要对各种不同的信息系统的链接根据一定的逻辑主线进行组合与排列，从而构建出“信息资源地图”。这里所提到的逻辑主线主要指的是信息系统地址排列组合的标准，在表现层的信息资源整合中，我们可以使用的逻辑导引的标准具体包含以下几个方面：资源类型、学科主题、字母顺序等。用户在一定的标准指引下，能够方便地从汇聚了多样化的信息资源体系中快速定位到目标信息系统，从而发挥信息资源体系的指南或导航作用。

这种整合方式多用在具有指南或导航性质的网站或网页中，其类型比较丰富，有综合性质的信息系统指南或导航，也有专业性质的、地区性质的信息系统指南或导航。信息资源表现层的整合的实现技术与方法相对来说较为简单，即在同一个网页或网站中整合信息系统的所有地址链接，按照相关的标准有序排列这些链接，便可勾勒出一幅信息资源地图。当然，为了方便用户的使用，创建人性化的用户界面、加入信息系统的内容介绍和引导用户的详细说明也是非常必要的。应该对链接的地址进行及时的维护和更新，只有这样才能保证信息资源具有很强的时效性。

元搜索引擎被称为搜索引擎之上的搜索引擎，其所采用的也是信息资源表现层的整合方式，它将多个搜索引擎集成在一起，提供统一的检索界面。此外，在信息资源表现层的整合中，指引数据库也属于其重要组成部分，其先集中、分类、整理数据库等信息系统，之后指引用户进行利用，通过主题树的形式完成对用户的指引。

2. 应用层的信息资源整合

应用层的信息资源整合，重点是考虑信息系统的内容和可操作性。为了满足用户需求，要从不同的信息系统中获取元数据和数字对象，对此，应该首先实现中间访问层的构建。用户的应用需求不同，中间访问层的构建方式也存在差异，但其大体上的构建原理却大同小异的。

（1）Agent 机制

Agent（代理人）作为一种技术，具备局部决策的能力，能够实现与终端用户、资源和其他 Agent 之间的交互。Agent 通常有三种类型：一是用户 Agent，主要为用户提供一致的接口，将用户输入的检索请求转化为系统内部使用的语言，然后将其交给相应的中介 Agent；二是中介 Agent，主要实现与信息 Agent、用户 Agent、其他 Agent 的交互，根据用户 Agent 提交的用户请求，以不同的内容与形式来选择适宜的资源 Agent，同时将请求发送给资源 Agent；三是资源 Agent，主要是检索异构的信息系统，包装检索结果的数据，对各个信息系统之间具备的异构性进行隐藏。

（2）中介方法

中介方法是通过引入一个中介层的构件，为各个信息系统提供通用的数据模型和检索界面，同时使用包装层对各个信息系统之间的异构性进行隐藏。

作为一种应用层的信息资源整合方式，元搜索引擎利用中间访问层来调用各个成员搜索引擎，实现信息的综合检索。其基本的实现原理是，当一个检索请求到来时，元搜索引擎按照各个成员搜索引擎的检索格式做相应的转换之后，再分发给各个成员搜索引擎，各个成员搜索引擎返回结果后，元搜索引擎对检索结果进行归并、选择、排序等处理，最终通过统一界面输出给用户。一个真正的元搜索引擎由检索请求提交机制、检索接口代理机制和检索结果显示机制三个部分组成。其中，检索接口代理机制是实现对成员搜索引擎调用的关键，作为一种代理机制，它必须具有较强的字符和转换功能，使用户的检索请求为具有不同语法特点的成员搜索引擎所认知和接受。

3. 元数据层的信息资源整合

元数据层的信息资源整合意味着从信息资源组织的源头整合信息资源，在整合程度上属于较高层次的整合。整合的过程就是保证各个信息系统使用的元数据格式趋于一致，或者借助元数据互操作可以实现相互转换以实现各个信息系统间的事实一致。如此一来，将各个信息系统整合到一个信息资源体系中会更加简单和容易。

事实上，各个信息系统之间的同构是指采用统一的元数据格式来构建整个信息资源体系。通常情况下，人们会在遵守共同的标准的基础上，设计各种信息系统和内部资源，并使用一致的元数据格式来描述这些信息资源。换句话说，信息系统之间形式上的同构性指它们能够相互操作，即使它们之间存在异构性，也可以通过特定的转换机制来实现一致性。

实现各个信息系统之间事实上或形式上的同构是目前元数据层的信息资源整合的两种表现方式。这种方式大大减小了各个信息系统之间异构性所带来的负面影响，基本实现了统一化、无缝化的高度整合。然而，就目前而言，元数据层的信息资源整合也存在一定的问题。

第一种整合方式在为各个成员提供全面的互操作性时，要求每个成员为此付出代价，而且由于成员之间的趋同程度较高，也就相应地缩小了它们的个性化发挥余地。因此，其对商业化经营运作的吸引力不大。

第二种整合方式在进行元数据互操作实现不同元数据格式之间的相互转换的过程中，也会对整个信息资源体系的数据存储造成一定的压力，同时大大增加了其维护的成本。

第四节　互联网环境下的图书馆数字信息资源知识产权保护

图书馆是网络迅速发展的过程中，仍旧坚持提供纸质资源的一个机构，同时其可以将自己丰富的馆藏资料上传到互联网上，并免费供用户使用。由此可知，图书馆馆员的工作任务也逐渐转变成信息检索、书目编制、建立数据库等文献分析、加工、保护等工作。图书馆馆员的任务不仅是过去的收集和保存文化成果，并将其组织整理的结果提供给使用者，也要充当收集、整理信息资源的情报专家，甄别和重组信息资源的信息管理员，同时承担信息共享系统的产权保护者等多种角色。在网络环境下，如何在不侵害权利人权益的前提下实现对信息的自由、合理的获取，是图书馆工作人员在网络环境下所要面对的另一个新课题。

一、我国数字信息资源的知识产权保护

在国家层面，近年来，最高人民法院发布的《关于审理涉及计算机网络域名民事纠纷案件适用法律若干问题的解释》《最高人民法院关于审理著作权民事纠纷案件适用法律若干问题的解释》《审理涉及计算机网络著作权纠纷案件适用法律若干问题的解释》等一批涉及互联网、数字信息资源的知识产权保护的规范性文件为我国司法实践中的数字信息资源保护工作奠定了基础。

2005 年 1 月，在第十六届中央政治局委员吴仪的领导下，建立了一个关于知识产权问题的领导小组。《互联网著作权行政保护办法》是由信息产业部、国家版权局等部门共同颁布的。2005 年 9 月，国务院新闻办公室和信息产业部联合颁布了《互联网新闻信息服务管理规定》。以上相关行政法规的制定与颁布，为数字信息资源的知识产权保护提供了强有力的法律基础。

从行业协会的角度来看，中国互联网协会于 2002 年公布了《中国互联网行业自律公约》。为了加强对网络著作权的保护，中国互联网协会于 2005 年 1 月 28 日，适时地组成著作权同盟，以加强对著作权的保护。

在企业层次上，我国的网络企业都积极地成立了专门的法律部门，对自己的数字信息资源进行保护。以百度为例，其就主要的搜索业务设立了每日监测系统，主要包括后台监测、筛选、前端监测。例如，为保证百度影音吧的正当性，百度在法律上给予版权方保护，并对其进行严格的资格审核。

我国对数字信息资源的产权保护问题的研究较为缓慢，在法律、技术、管理措施上都落后于国外。但是，随着国家在网络环境中加强了对数字信息资源知识产权的保护，同时大力向民众宣传知识产权保护的相关法律规定，我国的数字信息资源保护工作逐渐发展完善起来。

二、我国数字信息资源知识产权保护的产业运行机制

健全的经营机制是企业生存和发展的根本。一个好的制度安排可以使企业的

经营渠道更加通畅，各方的利益得到更好的配置。数字信息资源知识产权保护的两类重要的产业运行机制是版权授权运作模式和复本数销售模式。

（一）版权授权运作模式

1. 超星模式

超星电子图书采用一对一的方式，与每位作者分别签订版权协议。比如，按照下载量支付费用，作者单独定价支付费用。这一模式为大规模中文文库的著作权保护提供了一种新的途径，但也有其不足之处。举个例子，超星的版权是唯一的，一旦获得了某一位作者的版权，那么在十年内，该作者的作品都无法被其他数字图书馆使用，这对超星的版权保护也是不利的。

2. 以权换权模式

以权换权模式是一种版权所有人可以将自己的作品转让给另一方的模式。这种模式的优点是更便于对作品进行价值评估，同时作者会随着授权的增多而获得更多的资源和收益。当然，相互许可是建立在权利互换的基础上的，并且只有在两个共同享受版权的当事人之间才能生效。因此，这种模式本质上是为了解决有版权的团体内的问题，对大多数享有版权的团体之外的用户而言，他们还是需要通过其他方式来取得许可才能使用。

3. 法定许可

法定许可是指在没有得到著作权人同意的情况下，通过网络进行出版，并在出版后付给作者一定的费用。如今法定许可只包括课本、报纸的印刷。

4. 默认式许可

默认式许可指的是从著作权人的行为足以推定著作权人对某人使用其作品不会表示反对。美国和加拿大等国的图书馆大多是这样做的，也就是先斩后奏，即使出现了侵权纠纷，也会根据填补原则赔偿给传播者或使用者。在国内，以中国数字图书馆为代表的传统图书馆大多采用此种方式。

5. 开放式许可

开放式许可是指作家放弃其著作的财产权，但保留其精神权益。比如，在国外，人们倡导“创作共用”（Creative Commons）。该框架以开放源码软件的公开授权协议为基础，为创作者提供了充分的自主选择权。如此一来，数字作品便可免费分享，且不为商业目的，让更多的人能够自由地散播与浏览。

6. 出版社授权

在国外，著作的使用权一般都是由杂志或者出版社来决定的。即出版社是著作权委托的代理人，以保护著作权人的利益。信息服务商可以在适当的时候考虑与出版社签署一份合作协议，让相关出版社优先取得某些著作的使用权，或者通过分期缴纳一定的费用来避免侵害著作权，从而丰富自己的信息来源。

7. 通过著作权集体管理机构取得著作权许可

通过著作权集体管理机构取得著作权许可，即著作权人及其相关权利人可以向集体管理机构授予著作权或其他相关权利。在获得许可的情况下，著作权集体管理机构可以代表其行使著作权及相关权利，也可以就版权及其相关权利提起诉讼或仲裁。

（二）复本数销售模式

我们都知道，复本数销售模式是传统的图书销售方式。具体来说，就是图书馆在采购某一类书籍的过程中，会同时购买多个复本，这样就会有多个读者同时进行阅读或购买。国内外的电子出版社和图书馆都大力支持这种销售模式，因为这样能够保证出版社和作者的利益。

方正一直坚持复本数销售模式，始终坚持以有关技术为支撑。方正根据国际 OEB（OEB 组织是目前国际上最权威的开放电子书组织）标准，开发出了方正 Apabi 完整的基于数字版权保护的网上出版解决方案，并在中国出版行业正式发布。这一方案兼顾了使用者与读者的需求，同一电子书籍在特定时段只允许一人借出，而一旦借出数量有限的电子书籍，则必须等书归还后才能再借。另外，本平台还引入了数字著作权保护的核心技术，对阅读时间、阅读次数进行了严格的限制，使用户无法在未经许可的情况下将其拷贝给他人，也无法将其打印出来。

同时，复本数销售模式为电子图书的生产、出版、发行、销售及阅读提供了一种新的途径，从而保障了作者、出版社、出版社、网上书店、读者等各方的利益。在上游厂商的大力推广以及技术供应商的客观保护下，复本数销售模式既可以推动电子图书市场的发展，又可以提升实体图书的销量，满足市场需要，是目前图书定价的主流模式。

由此可见，在数字化时代，寻找一个最优的模式是解决著作权问题的首要步骤，只有构建授权方式、收费标准和收费技术体系的三方联动机制，才能使著作权制度真正得到保障。

三、我国数字信息资源知识产权保护相关问题与解决措施

（一）获取信息与知识产权保护的相关问题

进入网络时代后，在数字化和网络化的信息交换环境下，所有的文本和图像等都可以转化为数字信息，并在全球范围内进行传播，人民的信息需要可以通过互联网得到满足。互联网拥有丰富的信息资源，为使用者提供免费的软件。

面对丰富的信息资源，信息使用者只要透过网络登入，便可以在网络上自由存取资料。而在互联网时代，随着网络社会的多样性，图书馆工作人员的角色也发生了转变，这就给读者提供了一个便捷的上网途径。一方面，图书馆工作人员要教给使用者省时、高效率地使用网络资讯的技能；另一方面，要保证其提供的资讯不会侵害著作权人的权益，让资讯的免费存取不会受到法律的限制。尽管如此，在对信息的免费访问和对知识产权的保护方面，仍然经常出现冲突，这体现在以下几个方面。

1. 以营利为目的的侵权复制

《中华人民共和国计算机软件保护条例》规定："因课堂教学、科学研究、国家机关执行公务等非商业性目的需要，对软件进行少量复制，可不经软件著作权人或者其合法受让者的同意，不向其支付报酬。"[①] 软件复制即使有着合理界定的范围，但还是有一些图书管理人员不顾规则，受利益驱使，寻找网络漏洞，钻空子，把一些还处在版权保护期的著作进行复制，并进行商业售卖。

2. 从数据库中套录享有著作权保护的专有数据库

数据库是指按照一定的数据模型在计算机系统中组织、存储和使用的相互联系的数据组合。互联网中的数据库是以固定方式存储数据内容的，但在输出时是没有固定数据的，输出的内容形容取决于使用者的需求。在互联网时代，有些图书馆工作人员会通过在线的方式对尚未达到版权保护期限的专用数据库进行套录，或者将其复制为印刷体文件，从而侵害他人财产权。

3. 在网络上随意发送有版权的出版物

互联网是一种全球性的网络，其应用最广的一种就是向用户发送电子邮件。利用互联网提供的电子邮件服务，实际上并不一定要与互联网直接相连，只需寻找一家与互联网完全连接起来，并且愿意提供互联网上的资料的服务商，就可以发送和接收电子邮件。由于电子邮件系统的开放特性，图书管理员可以在网络

① 吴汉东．知识产权应用问题研究[M]．北京：中国人民大学出版社，2019．

上任意发布某些受著作权保护的出版物，使得某些不是互联网使用者的人也可以通过被称为“网关”的计算机访问互联网上的作品，从而扩大了网络侵权的范围。

4. 非法修改网络信息

用户自由获取信息、信息社会继续向前发展都是需要网络信息的完整可靠来保证的。在这之中，图书管理员又承担着一个重要角色，他可以掌握用户的相关信息，因此在为用户查询的过程中，往往会将自己有意或无意修改或删除的信息提供给用户。然而，互联网上的资料、程式或识别资讯皆具有其正当性，任意篡改就是侵害了权利人的权益，破坏了资讯交换系统的完整性与系统性。

目前，国际对数字信息资源的保护机制尚处在摸索之中，国内也不例外。要想构建数字信息资源的知识产权保护体系，还有很长的一段路要走，这其中任何一项工作都不是某一个人、一家企业、一家政府部门能够单独承担的，离不开各方面的合作与相互支持。特别是在现有的法律体系尚不健全的情况下，如何更好地解决数字信息资源的知识产权问题，仍需进行交流、沟通与磨合。要想让版权人与被许可人都能得到自己想要的东西，就必须构建一个公开的版权利用环境，并规范市场运作，从而确保这个行业的持续、健康发展。

从整体来看，信息技术的法治建设尚处于起步阶段。随着数字信息资源知识产权的快速发展，数字信息资源知识产权保护的相关法律、法规的制定与立法进程必须与之相适应。

（二）解决措施

1. 制定付酬标准与赔偿原则

在数字时代，如果像传统出版社一样，向每一位用户收费，那么向每一位用户索要 1000 字的赔偿金，显然是非常不公平的。这对数字著作权用户特别是游戏运营商来说，清楚地了解其侵权风险，并为其确立合理的权利主张范围是不现实的。在此基础上，如何确定补偿标准要在法律层面上予以更加清晰的界定，要将数字著作权用户特别是游戏运营商的实际支出与成本纳入考量。

2. 引入法定许可制度

任何有版权的工作都要得到版权所有者的同意。版权人与用户之间的“博弈”（如版权所有人的权利、商品的价值与定价）是一个长期的过程，这就造成了用户无法负担额外的交易成本。而法定许可制度则是让使用者在没有经过著作权人同意的情况下可以先使用它，然后再与著作权人协商，最后支付使用费，这样可以极大地减少成本。同时，由于谈判通常是在交易结束之后才进行的，因此即使谈判失败，也不会影响到工作的使用。

3. 建立强制许可制度

这是指著作权人在一段时间内没有对已经出版的作品进行许可的情况下，可以向有关当局提出申请，并通过特定的步骤取得强制性许可，但不需要得到著作权所有人的同意就可以对其进行使用，但必须对其进行付费。目前，《保护文学和艺术作品伯尔尼公约》和《世界知识产权组织公约》都对这一制度做了明确的规定，但在我国《著作权法》中还没有这方面的规定。我国也是两大公约的缔约方，也应当将此项制度应用于我国。如果作品的种类及使用方法符合法律要求，可以不经著作权人同意，但必须向著作权人付费。在网络空间中，著作权强制许可是实现数字图书馆著作权保护的一种途径。

4. 适当放宽知识产权合理使用的范围

合理使用是世界上普遍采用的一种制度，它是指在一定的情况下，法律可以不经权利人的许可，也不需要向权利人支付任何费用。这一制度是推动知识发展和改善教育质量的关键。版权法若不能恰当地限制版权所有人的权利，也不能为图书馆及个别使用者提供清晰的豁免，将会加剧资讯富人与资讯穷人之间的差距。在此基础上，笔者认为可以在互联网环境下，对公益图书馆的合理利用进行适度的扩展。

5. 避风港原则的借鉴

目前，许多大学、各类公共图书馆都在利用内容服务提供商所提供的资料库。对使用者来说，要核实如此多的资源是否都是被许可的，而且非营利组织也不会从中获利，这是一件相当困难的事情。笔者认为，我国应在网络版权管理制度中引入“避风港”制度。如果作者在完成了合理的注意义务后，可以向图书馆举报，图书馆立即删除有关的内容或链接，则不需要承担侵权责任。

6. 增加对规避行为的法律约束

采用技术措施对制止网络侵权有着一定的作用，但同时可能会侵害到权利人的利益，所以就要对技术措施进行法律规范。

四、信息资源知识产权保护的技术保障

（一）防火墙技术

防火墙技术能够实现对网络的访问，从而实现对信息资源的保护。其本质就是在内网与外网的接口处构建一层防护层，以确保网络路由的安全。为了阻止网

络信息被改变、破坏、复制，所有内部和外部的连接都必须通过这个保护层进行检测和过滤。随着近些年来网络保护的发展，相继出现了许多有着不同功能的防火墙，为了提高网络的安全性，人们往往将不同的防火墙组合在一起，以弥补其不足。

（二）数据加密技术与软件加密技术

保护数字图书馆知识产权的主要手段之一就是对在网络上进行传输的数据加密。这种手段是先对要传输的数据加密，然后等数据传输过去后进行解密，这样可以在一定程度上确认传输的数据是安全的。随着技术的升级，可以对不同等级的数字化作品进行不同程度的加密，然后用不同程度的技术手段进行解密。

（三）认证技术

认证技术是通过对被鉴定物（人或物）的一项或多项参量的检验来判断被鉴定物的名称与真伪是否一致。比如，口令、标识符、随机数、密钥或人的生理特征参数，以及指纹、声纹、视网膜纹等参数，只有这些参数与被认证对象之间是一一对应的，才算认证成功。

（四）数字水印和数字指纹

隐藏在数字图像、声音、文档、图书、视频等数字产品中，只能让读者进行阅读而不能进行复制的一种技术手段，就是数字水印。这种技术可以用以证明原创作者对其作品的所有权，并作为鉴定、起诉非法侵权的证据，还可通过对水印的探测和分析保证数字信息的完整可靠性。数字指纹是一种类似于数字水印的方法，区别在于它是将创作者的身份信息嵌入数字作品。一旦非法复制被发布，那么通过复制出来的指纹就能识别出其出处。

（五）移动 Agent 技术

移动 Agent 技术是一种对代码、数据和运行环境进行封装的组织，能够自主地、有目的地迁移到网络中，能够对外界事件做出反应，并在迁移过程中保持其状态的一致性。很多电子交易系统以及股票交易的即时监控系统都使用了这种技术。

（六）数字签名

数字签名就是将某些资料附于资料单位，或对资料单位所做的加密转换，让资料单位的收件方能使用它来证实资料的原始性及元件的完整性，并能有效地保护资料不被仿冒。

（七）访问控制技术

访问控制技术是指在访问过程中，访问者能否访问某一特定的网络资源，以及访问的深度、广度等方面所采取的一种控制技术。该技术可使使用者有权使用自己常用的信息资源，而不能随意删除、修改或复制信息。访问控制的步骤是，先提取访问者的户名、地址等信息，并查询访问者所访问的网络资源或服务，然后对这些网络访问进行核对排查，合格的就可以访问，不合格的就禁止访问，以此来保护网络安全。

第三章　互联网环境下的图书馆读者服务管理

本章为互联网环境下的图书馆读者服务管理，分别对互联网对图书馆读者服务的影响、互联网环境下图书馆读者服务存在的问题、互联网环境下图书馆读者服务的创新以及互联网环境下图书馆读者服务质量评价进行了详述。

第一节　互联网对图书馆读者服务的影响

图书馆读者服务是图书馆工作的中心，也是图书馆建设和创新的重要环节。图书馆的各项功能最终都是通过图书馆读者服务来实现的，图书馆各项工作流程的价值也都是通过图书馆读者服务来体现的，图书馆文献信息资源采访的合理性、信息（数据）资源建设和利用的深度与广度、馆藏建设的科学性等都可以从图书馆读者服务中得到体现。可以说，图书馆读者服务是衡量图书馆各项工作的风向标，是检验图书馆建设和发展的重要指标之一。互联网给图书馆带来的深刻影响是全方位的，而居首者是图书馆读者服务。

一、对读者服务理念的影响

因受限于技术因素，传统图书馆的文献资源都是以纸质媒介为载体，传统图书馆文献资源的采集、加工、存储和利用都是围绕纸质文献资源而展开的。就读者服务而言，为读者提供优质的纸质文献资源借阅服务是图书馆唯一的服务方式，故而传统图书馆的服务理念也是在提供各种纸质图书文献资源的过程中逐步形成和产生的。以“书”为中心是传统图书馆服务理念的核心，受该服务理念的影响，传统图书馆的读者服务呈现出封闭性、保守性、被动性等显性特征。但随着互联网技术在图书馆的广泛应用和推广，图书馆原有的文献资源服务壁垒被打破，大量的网络信息资源不断丰富着图书馆馆藏，馆际互借、资源共享、数字图书馆建设等成为现实。移动互联网技术的发展使读者的阅读时间呈现出碎片化特征，读者可以随时进行阅读，在阅读方式上呈现出“浅阅读”“碎片化阅读”的倾向，声音、图像、视频、网络在线浏览等成为主要阅读形式，在获取文献信息资源的渠道上呈现出多样化，读者不用再到图书馆就可以获取自身所需要的个性化阅读信息资源。同时，图书馆与读者的交互也在不断增强。这一切都迫使图书馆转变服务理念，即要树立“以读者为中心”的服务理念。换言之，就是要把传统服务的中心从“书”转到“人”（读者）上。在当今互联网环境下，图书馆读者服务不仅要服务于读者，更要了解读者。只有深入了解读者，才能更全面地获得读者个性化的需求信息，才能有针对性地为读者提供个性化服务。也只有这样，才不会让读者在互联网环境下与图书馆渐行渐远。

二、对读者服务方式的影响

传统图书馆读者服务方式就是为读者提供文献资源借阅服务，这种单一的服务方式一方面决定了读者的借阅必须在固定的时间和固定的地点才能完成，另一方面造就了图书馆固有的被动和保守的服务状况。所谓被动式服务，即有读者就提供借阅服务；没有读者，图书馆也不会主动地采取一些措施来吸引读者走进图书馆。所谓保守式服务，即读者需要什么书，馆员就借给读者什么书，馆员不会根据读者的阅读兴趣主动向读者介绍或推荐阅读什么书。这种状况对传统图书馆来说还可行，因为无论是公共图书馆还是高校图书馆，其辐射范围都是有限的。一所高校通常只有一个图书馆，一些城市尤其是中小城市也只有一个图书馆，读者有阅读需求就必须到图书馆。但在互联网时代，互联网技术尤其是移动互联网的广泛应用，不仅使读者随时随地阅读成为现实，而且使读者的要求越来越高。这就要求图书馆拓展读者服务方式，不仅能提供传统的借阅服务，更能提供个性化的咨询、定制服务；不仅能提供传统纸质文献资源借阅服务，也能提供数字化文献资源、大数据开发和利用等服务，更能提供图书馆远程访问服务。互联网也迫使图书馆突破传统服务的时空界限，不再受服务时间、服务地点和服务人员的限制，服务无处不在、无时不在。只有这样，图书馆才能留住读者，才不至于在互联网环境下“门前冷落鞍马稀”。

三、对读者服务模式的影响

因受限于计算机技术在图书馆的应用和文献资源的纸质化，传统图书馆的读者服务都是人工模式，与读者服务相关的工作如检索、上架、排架、借阅等大部分是依靠人工完成的。这种服务模式效率低，费时费力。同时，为读者提供文献资源的借阅还是读者服务的主要工作内容。但在互联网环境下，电子文献资源（包括音频和视频等资源）已成为图书馆馆藏建设的重要载体，移动通信技术的发展使读者足不出户就可以获取所需要的文献信息，这就迫使图书馆改变自己的读者服务模式。在服务方式上，要从人工服务转变为智能服务（智能化检索、智能化查找、智能化整架、智能化借阅等）；在服务形式上，要既能提供在线借阅服务（到馆借阅），又能提供线下访问，要让读者能通过任何一台计算机或移动终端设备就可以访问图书馆的任何文献资源；在服务内容上，要既能为读者提供个性化的信息咨询服务，也能为读者提供图书馆大数据分析、利用服务等。可以说，互联网对图书馆读者服务模式的影响是深刻的，它将彻底改变人们对图书馆的传统印象，重构图书馆的功能体系，拓展图书馆的服务领域，同时是实现互联网环境下图书馆满足读者不受时间、地点和其他条件的制约，通过互联网就可以从任何图书馆即时获取所需的个性化文献信息资源这一终极目标的关键环节。

四、对读者服务结构的影响

与传统图书馆以“书”为中心的服务理念和人工服务模式相匹配，传统图书馆读者服务结构呈“金字塔”形。这种结构因中间环节多，具有信息传递速度慢、面对读者需求反应迟缓等特点。但互联网催生了图书馆读者服务的产品化，即在互联网时代，图书馆读者服务是以产品化的形态去参与读者市场竞争、赢得读者的青睐的。鉴于互联网时代连接的泛化性、读者的社群性以及图书馆与读者的交互性，“互联网＋图书馆”要想在读者市场上抢占到制高点和话语控制权，首先必须优化图书馆的组织结构，尤其是读者服务的组织结构，即每一个馆员都必须直接面对读者，所有工作都围绕读者展开，这样才能真正体现以读者为中心的图书馆读者服务理念和工作宗旨。而扁平化的读者服务结构则是互联网环境下图书馆读者服务转型的必然选择，它不仅能灵活适应图书馆外部环境的变化，还能实现即时响应读者需求的目标，为读者即时提供最佳的解决方案，提高读者的满意度。在某种程度上，扁平化的组织结构不仅适用于单个的图书馆，也适用于统一的图书馆网络联盟，这也是互联网对读者服务结构最为显著的影响。

互联网环境下的图书馆服务理念的转变，凸显了“以人为本”的和谐社会的本质，彰显了互联网跨界融合的客观要求。读者服务模式的创新和读者服务形式的拓展，不仅可以推动图书馆提升自身服务的能力和应对读者需求变化的能力，使读者可以通过多渠道、多途径获取信息，而且可以使图书馆读者服务更专业化、智慧化，读者阅读推广、体验式服务、定制化服务及推送使图书馆读者服务更具针对性和个性化。同时，使图书馆读者服务过程更加高效和便捷，读者的体验感更强、满意度更高。

第二节　互联网环境下图书馆读者服务存在的问题

一、读者服务理念陈旧

尽管互联网技术已经渗透到人们生活、工作、学习等方方面面，随着“互联网＋图书馆”行动的进行，网络思想也正在对人们的思想和行为进行着变革。目前，我国部分高校图书馆仍以“书”为本，以“书”为主要内容，以文献资源为主要内容的服务模式仍是高校图书馆的唯一服务途径。究其原因，有制度方面的因素，比如，上级领导对此的重视程度有待提高，对图书馆的资金投入有限等。还有一些是由于图书馆的领导缺乏大局观念，服务人员的思想比较僵硬，主动性有待提高，缺乏学习新知识和新技术的动力。

理念是行为的先导，个人的理念决定着个人的行为方向。图书馆读者服务理念则是由图书馆每一个从事读者服务的工作人员的个人理念所决定的。因此，要改变目前图书馆陈旧的服务理念，首先要从改变每一个从事读者服务的工作人员的理念入手，从机制上、待遇和地位上、情感上等采取多种方法来促进互联网环境下图书馆读者服务理念的养成。

二、技术手段落后

互联网环境下的图书馆读者服务，除为读者提供图书文献资源的借阅服务、参考咨询服务之外，主要是集中在图书馆信息资源的开发和利用上。互联网催生了图书馆服务的产品化，图书馆成为以知识选取与储存、知识重组与再生、知识配送与输出为内容的流水生产的“加工厂”。基于互联网平台的建立，在互联网时代，图书馆就是一个信息资源的汇聚地。面对如此多的海量信息，图书馆必须能够运用云计算技术对海量信息进行整合、分类和深加工，建立起图书馆大数据系统，并通过大数据系统实现图书馆读者服务智慧化。同时，随着移动互联网的广泛应用，图书馆阅读推广也需要互联网技术的支持。

然而，目前部分图书馆对互联网技术尤其是对互联网先进技术的应用，远远赶不上其他行业，更赶不上互联网技术的发展与进步。部分图书馆在技术的运用上还停留在数字化的水平上，远远不能满足读者在互联网环境下对图书馆的个性化需求。尽管在20世纪90年代末，国内图书馆尤其是高校图书馆出现了一个更换集成管理系统的高峰期，该系统到现在也运行30多年了，即使该集成管理系统做过升级处理，也多属于传统文献管理系统，而在互联网时代，图书馆管理更多的是对网络信息资源的管理，这就更需要互联网先进技术的支持，但当前图书馆欠缺的就是先进的互联网技术。

图书馆缺乏先进的互联网技术支持是多种原因造成的，其中首要的原因是缺少相应的经费支持，这与政府及图书馆上级主管部门的重视程度密切相关。另外，还有图书馆自身的原因，部分图书馆负责人及工作人员缺乏学习新技术的积极性，面对互联网环境下图书馆与读者渐行渐远的困境，消极固守，不能积极应对并采取相应的措施去探索新途径、拓展新领域。

三、读者服务人员能力不足

一般观念下的图书管理员并不需要负责专业性很强的内容，只需要负责简单的服务工作，这种清闲养老似的观念是基于过去传统纸质文献资料借阅的情况产生的，当时图书馆内部对读者服务人员的要求确实并不高。在一些高校图书馆，那些快到离退休年龄的老职工、不能胜任其他工作的职工均被安排到图书馆从事读者服务工作；在公共图书馆，那些文化程度不高的职工也被安排从事读者服务工作。也许是图书馆读者服务人员的这种状况影响到了上级主管部门领导对图书馆工作的认识，也许是上级主管部门领导对图书馆的印象导致了图书馆读者服务人员的这种状态或局面。但无论是什么原因，传统图书馆读者服务人员的能力有待提高却是事实。

但是，互联网时代对图书馆从事读者服务的工作人员的能力提出了更高的要求：从事读者服务的工作人员不仅要具有丰富的图书馆学知识，而且要具有较深厚的计算机知识；不仅要具备提供纸质文献资源借阅服务的能力，更要具备较强的信息收集、整合、加工能力和较高的参考咨询能力以及大数据的开发和利用能力。可以说，在互联网时代，不具备这些能力，就不算是一个合格的读者服务人员。

现在的读者服务人员都不太符合要求，主要表现为图书馆学知识较丰富，但计算机知识较贫乏；传统借阅服务能力较强，但对互联网技术的运用能力较弱。

这种状况既不能满足互联网环境下图书馆读者服务工作的要求，也不能满足互联网环境下读者对图书馆读者服务的要求。所以，在这种情况下，图书馆要采取两方面的措施：一是积极引进高素质的复合型人才；二是提高员工的知识储备和自身的服务能力。只有这样，图书馆才能在互联网时代留住读者，让读者喜欢图书馆、爱上图书馆，进而实现图书馆读者服务的价值创新。

第三节　互联网环境下图书馆读者服务的创新

一、图书馆服务创新动力机制

动力机制是指在各种因素的共同作用下，由各种因素组合而成，从而促进了物体的运动发展的机制。在图书馆的服务进程中，服务的核心是提升图书馆的核心服务能力，其目的是满足使用者的信息需要和解决实际问题，并且在图书馆服务创新的动态因素作用下，提高图书馆的服务品质和效率，将内部和外部因素有机地融合在一起，即图书馆服务创新的动力机制。

积极培育自身的服务创新能力，解决动力机制问题，才能更好地解决一系列问题，同时说明研究和建立我国图书馆服务创新动力机制非常有必要。

（一）服务创新动力机制的理论研究

1.服务创新的基本动力理论

技术推动力、需求拉动力、政府行为推动力、企业家创新偏好等这些驱动力是在对技术创新动力经过深入研究后总结出的几个重要因素。但是，技术创新学说是集中强调某一方向的驱动动力作用，并不是从全局出发，所以人们发现服务创新实际上是四处发生的，不同动力之间也是存在交互作用的，这就说明相关产品之间和服务之间是存在一定联系的，这种联系可以产生在研发部门以外的其他员工、顾客或竞争对手之间。

2.图书馆服务创新的动力理论

内源动力和外源动力是图书馆服务创新动力的两个主要表现方面。处在图书馆系统内部，产生于图书馆参与市场竞争和进行自我发展的内在需要，以及图书馆对服务创新工作社会、经济利益最大化的追求的一种自发的内在力量，就是内源动力。图书馆建设和发展所必须使用的外部环境对图书馆产生作用力的动力就是外源动力，外源动力一方面来自图书馆与社会需要的互动过程，也来自政府对文化工业的自觉策划与行动。社会需要、政府的行为、社会经济的发展、文化的进步等都是影响图书馆外部竞争优势的重要因素，与这些社会要素交互作用而形成的新的社会关系是图书馆服务创新的外因。

（二）图书馆服务创新的对策分析

网络技术以及信息载体这两大因素在推动图书馆发展中的地位越来越重要。服务创新是提升图书馆服务质量的关键，也是图书馆事业发展的核心动力。但不管是什么东西，在它发生、发展和壮大的过程中，总会遭遇到各种各样的阻碍。在此基础上，笔者结合图书馆服务创新的动力机制需求，提出了如下思路。

1. 市场细分

对图书馆进行市场细分，是图书馆开展服务创新的前提。要发展现代服务业，首先必须依靠市场。图书馆应该注重对现有的信息服务环境的分析，找到符合本馆使命、目标和资源条件的细分市场，及时进行市场调研、信息收集、市场测量和市场预测，为图书馆服务创新规划的制订、服务创新理念的确立、服务创新模式的选择等奠定基础。结合图书馆自身的信息资源优势，通过对馆内机构的改革和运作方式的调整，实现个性化、综合化的服务。图书馆要充分发挥本馆的基本功能，增强自身的竞争能力，加速培育和扩大信息市场。

2. 积极运用互联网技术

在网络环境下，网络技术为图书馆开展服务创新奠定了坚实的技术基础。图书馆的发展离不开网络信息技术，它既影响着社会信息资源的规模，也影响着信息载体的物质形式，还影响着图书馆在信息处理和提供服务方面的能力。适时引进新技术是图书馆面临的重要课题。其中，数字图书馆是互联网技术在图书馆中的具体体现。图书馆应基于现有的信息平台资源、网络资源和信息服务技术，利用资源数字化技术、超大规模数据库技术、多媒体信息技术、数据压缩技术、存储技术、迁移技术、安全技术、数据仓库技术、挖掘技术、自然语言检索技术、网络传输技术等，制订全面的信息服务创新解决方案。

3. 积极开展合作共享

合作共享能够优化图书馆服务创新的资源基础，主要体现在以下几个方面。

第一，要实现集约化、系统化的管理，发挥图书馆在服务、技术、产品和市场等方面的优势，构建以效率为中心的共享协作机制，发挥集聚优势、竞争优势和规模优势，使图书馆的服务水平得到全方位的提高。

第二，要加强与其他国家图书馆的交流与合作，将我国各级图书馆建设成为全球信息服务平台的枢纽。

第三，要与有关的资讯提供商进行跨境合作。借助互联网技术，图书馆、信息机构和机构之间的业务联系将更加紧密，为促进服务创新和质量提高奠定坚实的基础。

4. 网络化架构

网络化架构是培育图书馆服务创新的组织基础，主要体现在以下几个方面。

第一，加强对外来人才的培养和引进，制定相关政策，如对科技发展成果的共享给予奖励等。

第二，要培育具有创新服务意识的图书管理员。这就需要图书管理员具有前瞻性和经营意识，充分发挥各类社会资源的优势，实现服务创新各要素的有效配置。

第三，要发挥各级图书馆协会在协调、组织、服务、监督等方面的作用，注重协调发展，进一步完善现代图书馆的社会网络关系，在组织产业活动的同时持续提高整体水平和竞争能力。

5. 强化政府作用

政府在制定促进图书馆发展的相关政策时，应进行产业诊断与政策评估，识别图书馆的优劣势，并对其动态机理与运行规律进行研究。应构建一套科学的评估制度，并在评估的基础上及时解决图书馆在发展过程中出现的问题。

图书馆服务创新并非盲目地变革，只有在相关理论的指导下，有针对性地谈创新，才能让图书馆服务创新更加科学化、合理化，更好地发挥其应用价值。

二、互联网环境下图书馆读者服务的创新措施

在互联网时代，读者的阅读需求无处不在、无时不有。因此，图书馆读者服务的内容和方式也应无所不包、无时不有。让读者在任何时间、任何地点通过任何渠道都能即时获取图书馆中自己所需的任何文献信息资源，从而实现图书馆读者服务的增值创新，这也是互联网环境下图书馆建设的终极目标。图书馆服务理念的养成、服务方式的转变、服务领域的拓展、服务组织结构的重组和服务模式的重构都应服务和服从于这一终极目标。

在互联网环境下，图书馆读者服务创新包括下面几个方面。

（一）服务理念的创新

传统是指历史上流传下来的社会习惯力量，存在于制度、思想、文化、道德

等各个领域，对人们的社会行为有无形的控制作用。[①] 它具有历史性和延续性，任何意识形态一旦成为传统都有着强大的生命力，尤其是传统理念（观念）一旦形成，就会根深蒂固，很难改变。因此，图书馆要革新服务理念，实现互联网环境下读者服务理念的创新，就要有壮士断腕的决心和勇气。

首先，图书馆全体馆员要认真研讨互联网的内涵，高度重视其给图书馆带来的深刻影响；要用积极的心态、开放的思维主动适应互联网化的社会环境；要深入分析互联网给图书馆带来的新问题、新情况；要充分认识到“互联网 + 图书馆”并不是对传统图书馆的简单替代，也并没有改变图书馆提供读者服务的本质属性。

其次，图书馆馆员要深刻认识到互联网对图书馆的意义在于能够帮助图书馆为读者提供高效率和高质量的服务，实现图书馆的转型升级。从事读者服务的馆员要积极学习互联网新技术在读者服务中的应用，要认认真真地研究互联网下读者的心理、阅读习惯、阅读兴趣和阅读爱好，要切实认识到没有读者，图书馆就失去了存在的意义。每一个馆员都要转变以“书”为本的服务理念，树立以“人”（读者）为中心的“互联网 + 图书馆”服务理念。优化服务流程、拓展服务渠道、完善服务方式、重组服务结构，以满足用户即时获取和个性化的需求。

再次，图书馆馆员要充分认识到，在互联网环境下，互联网相关技术已然成为一种生产要素，并推动社会的发展，同样孕育着图书馆的新生。图书馆要切实依托互联网新技术构建起统一的图书馆网络平台，让读者与图书馆直接互联，进行零距离的交互，真正体现以读者为中心，尊重读者需求，充分满足读者的即时所需和个性化的需求，让读者愿意和喜欢进入图书馆，在图书馆中能感受到最人性化、最温馨的服务。只有这样，才能实现图书馆的增值创新。

最后，图书馆要高度重视对互联网新技术的学习，要变消极、被动式服务为主动式服务，要以开放、共享、整合等理念促进图书馆资源的合理配置，推动读者服务的移动互联化、数据化、共享化。无论是服务流程的重构、服务方式的重塑还是服务结构的重组，都要围绕读者展开，尤其要注重读者的参与和体验，只有这样才能推动和促进图书馆服务理念的创新。

（二）服务方式的创新

在互联网环境下，基于读者对电子文献信息资源的需求和图书馆信息资源建设的发展趋势，对既有馆藏纸质文献资源进行数字化处理、提高电子文献信息资

---

① 孙英，陈崇宇．法律基础与思想道德修养考点与题典[M]．沈阳：辽宁大学出版社，2001．

源的采访比例以及加强对网络信息资源的开放和利用，是每一个图书馆面对互联网发展趋势的必然选择。同时，互联网技术、云计算技术和物联网技术等可为图书馆馆际互借、资源共享和统一网络服务平台的建立提供可靠的技术支持，也可促使图书馆从传统的单一服务方式向多元化、多层次的服务方式拓展。

1. 协同式读者服务

在互联网环境下，每个图书馆都不是单兵作战，而是整个无边界图书馆联盟中的一个节点，都可以通过网络和云阅读服务平台实现图书馆智慧化管理，并通过资源共享、协同服务、共同开发信息资源为每一位读者提供可随时获取、可共享、按需使用、安全可靠的阅读、访问、咨询等服务。协同式读者服务真正体现了互联网与图书馆跨界融合的成效。例如，2015 年 7 月 8 日，全国首家“京津冀协同发展”文献服务主题馆落户河北省图书馆，正式面向社会公众开放。该馆占地 200 平方米，可为读者提供近万册书籍和 17 万条数据服务，京津冀还协同发展电子服务平台，公众可在平台上查询相关政策法规、最新动态、数据监测等信息，此举更好地服务于河北省委省政府中心工作，满足了党政机关及社会各界对京津冀协同发展信息的需求。

2. 体验式读者服务

体验式读者服务能够激发读者的兴趣，让读者切身感受到图书馆的魅力，感受到读书的趣味，在各式各样新颖的活动中学习到更多的知识。例如，2016 年 10 月 16 日，天津市津南区图书馆成功开展了智慧空间体验活动，该活动吸引了 150 余名小读者和家长参加，整场活动以亲子互动的形式展开，有“体验互动学英语”“互动拍照”“涂鸦海洋馆”“VR 安全教育”等。在互动拍照中，小读者可通过体感技术选择自己喜欢的背景进行拍摄并打印，由此得到自己的专属记忆；体验互动学英语将单词学习与跑酷运动相结合，小读者可通过体感设备选择字母进行单词拼写，让原本枯燥乏味的记忆丰富有趣起来；VR 安全教育中，小读者戴上 VR 眼镜能够真实感受火灾现场，了解灭火器如何使用，学习火灾知识。这种体验式读者服务让小读者及家长体验了科技教育的创新成果，丰富了他们的阅读世界，也让家长深刻体会到图书馆在为小读者开阔视野、学习锻炼及性格培养等方面起到的重要作用，能够更好地吸引读者走进图书馆。

3. 推送式读者服务

随着移动通信技术的普及，图书馆可以通过邮件、QQ 群、微信公众号等各种推送方式，把读者需要的信息资源推送到读者手中，从而满足他们的个性化需要。在互联网环境下，推送式读者服务将成为图书馆读者服务的重要内容，这种方式可以降低读者检索和阅读与自己需求不相关信息的概率，避免一些不愉快体验的发生，同时可以增进图书馆与读者之间的交流和互动。

此外，图书馆推送式读者服务还包括提供快速的配送服务（第一时间送书上门）。当然，要完成这样极致的读者服务关键在于物流，没有给力的物流支持，读者的极致体验就是纸上谈兵。所以，如果图书馆能够为读者提供免费的快速送书到家的服务，一定也能提升读者体验，增加读者黏性，形成稳定的、固定的读者群体。

4. 移动 App 式服务

国内已有不少高校图书馆和公共图书馆推出了移动 App，内容包括馆藏书目查询、数据库检索（包括浏览、下载等）、图书扫码借阅（包括预约、续借等）、个性定制、自订阅、摇一摇了解别人在读什么书、读者信息查询、图书馆动态浏览等几乎图书馆所有的读者服务，读者可以在手机上完成一站式检索和全文获取。这种新技术的应用，一方面在为读者带来海量图书文献信息资源的同时，给读者带来了全新的体验；另一方面极大地丰富了图书馆读者服务的方式，提高了读者服务的质量，也让读者切实感受到新时代图书馆“以读者为中心”服务理念的贯彻和落实。

5. 创意式服务

在互联网环境下，图书馆不仅是学习空间，更是一个文化空间、休闲空间。图书馆可通过举办摄影活动、文学沙龙、公益性讲座、演讲、书评活动等，丰富本馆的多元化服务；还可通过藏、借、阅一体化的管理，把更多的空间、更舒适明亮的环境提供给读者，增设研修室、交流共享空间、休闲空间和个性化阅读空间等，让读者服务更具创意和吸引力。

例如，2015 年 8 月 22 日，辽宁省新图书馆提供 24 小时全天候自助服务，有阅读休闲区、自助借还区和藏书区，有 22 大类近 3 万册图书供读者随时选读借阅，市民可以随时前往享受“深夜书房”静谧温馨的阅读时光。此外，读者还可通过大厅内设置的自助办证机、自助借还机、电子阅报机等电子化设备实现“DIY 借阅”。同时，该馆还有 3 台流动车可提供近 5 万册图书外借服务。在该馆，市民还可以在听音室、视听室等区域感受世界级的音乐盛宴，也可以通过预约方式参与音乐影片的鉴赏、体验、交流、创作和展示。

此外，读者对图书馆的每一次访问，都会留下相关的信息，图书馆在收集和分析读者存取资料的过程中，能够了解到他们的阅读需要、目的和动机、阅读习惯和兴趣以及阅读方式。这是建立图书馆读者信息大数据的依据，也是图书馆向读者进行主动推送服务的重要依据。由此可见，随着读者服务领域的拓展和互联网新技术的应用，读者服务的模式也将不断地创新和丰富。

6. 微服务

在数字环境下，微博、微信、微电影、微小说、微图书、微音乐等微实物已经悄然地渗入了社会生活的方方面面，可以毫不夸张地说，我们已经进入了微时代。微时代的信息传播具有辐射面广、速度快、互动性强等特点。图书馆服务必须紧贴微时代，贯彻微服务理念，把握微服务的特点，才能满足读者对图书馆微服务的需求。

所谓“微服务”，顾名思义，不是针对大而广，而是针对细而微的服务。图书馆微服务就是摒弃以往大而广的宏观服务方式，为用户提供小而细的个性化服务。在当今社会，随着人们生活节奏的加快，公众在正常上班时几乎没有时间阅读，只能利用上下班的碎片时间阅读，而移动通信技术为这种微阅读提供了技术支持。据此，微服务是互联网环境下图书馆创新服务方式之一，也是图书馆在互联网环境下必须研究的课题之一。

在互联网环境下，图书馆微服务首先必须坚持“以读者为中心”的服务理念。微服务是一种开放、自由、交互式的服务，它服务的对象是每个个体，而非群体。首先，图书馆应深入读者环境，了解读者在碎片化的时间内最需要什么样的阅读、最想了解或掌握什么样的信息、什么样的内容最适合读者在碎片化的时间中阅读，只有这样，图书馆微服务才能有的放矢，才能让读者满意。其次，图书馆要精选微内容。创新微服务的内容多是公开的、分散的、细微的、零碎的，可以是一句话、一个表情、一张图片、一个音频或视频等，但图书馆面对数量庞大、内容良莠不齐的网络信息，一方面要加大信息甄别、筛选和整合的力度，精选微服务的内容；另一方面要加大自制微服务内容的力度，创新微个性。再次，图书馆在服务方式上要变被动为主动。目前大多数微服务都是被动的，这种被动使微服务并不具有针对性，不能展现微服务个性化的特征。图书馆要深入分析微服务对象的心理，了解用户的真实需求，而不应该是应付式、任务式地提供服务。最后，图书馆要建立起具有本馆特色的微服务体系。图书馆要利用本馆的资源特色，精心打造本馆的微服务平台，将本馆的特色资源推荐给读者，可以是本馆经典文献推荐，也可以是本馆的特色数字资源介绍，还可以是本馆的资源优势交流，更可以是本馆的阅读推广书目。只有这样，图书馆的微服务才能获得读者的青睐和信任。

微服务是图书馆服务方式上的创新，它对于完善互联网下图书馆服务方式、提升图书馆服务质量具有重要的意义。同时，它也是互联网下图书馆提升核心竞争力的重要组成部分。

（三）服务模式的创新

在互联网环境下，无边界图书馆网络联盟的建立和信息通信技术的新发展将推动图书馆服务模式的创新，主要表现在以下几个方面。

1.立体化的服务模式

在互联网环境下，一方面，图书馆可以利用既有物理空间和文献信息资源为读者提供线下服务，如通过对图书馆既有物理空间的改造和重建，让图书馆的公共空间更具有人性化，使读者能在温馨、绿色的实体图书馆里感受到图书馆读者服务的魅力。例如，上海市嘉定区图书馆被称为“上海市颜值最高的图书馆”，同时被美国权威设计杂志《室内设计》（*Interior Design*）评选为2013年“全球最佳公共图书馆”。① 该馆通过对空间的巧妙运用和大量人性化的细节设计，彻底颠覆了人们对传统图书馆的认知。无论是借书还是看电影都是免费的，馆内豪华电脑一体机也是免费使用的，还有咖啡厅和露天餐吧，更贴心的是还特设了24小时开放的图书馆。另一方面，图书馆通过对既有文献信息资源数字化和电子文献信息资源的强化建设，加之图书馆统一网络平台的建立，PC端、移动App等互联网新技术的应用，为读者提供在线借阅服务，使读者在虚拟空间里体验到智慧图书馆读者服务的便捷和高效。

互联网下图书馆正是通过线上与线下服务相结合，构建起了图书馆立体化的读者服务方式，这种立体化的服务方式为图书馆服务模式的创新提供了可靠的路径。

2.智慧化服务模式

未来图书馆的主要服务之一就是智慧化的读者服务，这样的智慧服务系统与智慧资源系统、智慧感知系统和智慧管理系统共同构成智慧图书馆四大要素。在互联网时代，新的信息通信技术、物联网技术，云计算技术、无线射频识别技术（RFID）和智能信息过滤技术等为图书馆提供智慧化的读者服务提供了强大的技术支持。智慧化读者服务以感知化、互联化和智能化为基础，将人性化的理念融入服务的全过程，重塑读者和图书馆的交互方式，提升读者与图书馆交互的精准性和效率，丰富互联网下图书馆服务方式创新的内涵，极大地拓展了图书馆服务方式的外延，将成为互联网图书馆读者服务的主要方式。

---

① 杨明刚．上海市现代服务业集聚区文化与品牌创新设计[M].上海：华东理工大学出版社，2018.

文献信息资源整合的智能化也为互联网下图书馆的服务方式提供了拓展的空间，读者不仅可以进行跨库检索、跨馆检索和跨载体检索，而且可以利用移动终端或PC端获取图书馆中的每一条信息。另外，物联网技术如RFID、二维码的应用，还可以为读者提供参考咨询和知识服务，实现图书馆文献信息资源与读者需求之间互联互通，为读者实现文献信息资源利用的智能化提供保障。

智慧图书馆是图书馆创新发展、转型发展、可持续发展的一种全新的思想与实践。智慧图书馆将理性智慧、价值智慧和实用智慧有机地结合在一起，形成了更加迷人的公众文化氛围和更广阔的信息共享空间。

3．大数据服务模式

在物联网、云计算、移动互联网的推动下，各种终端设备产生了海量数据，图书馆也不例外。大数据服务模式也将成为互联网环境下图书馆的创新服务模式之一。

第一，在互联网时代，图书馆通过对原有纸质文献信息资源数字化并将该数字化资源与图书馆网络联盟上的信息资源进行整合，建立起一个较为完整的图书馆文献信息资源大数据，这既是互联网下图书馆文献信息建设的重要内容，也是图书馆大数据服务的基础。

第二，图书馆可以立足于区域特色和服务特点，建设特色资源数据库，为读者提供特色阅读服务。例如，浙江图书馆建立了房地产简报数据库；桂林图书馆建立了桂林地方资源图文数据库；上海图书馆通过“上海图典”数据库，再现了百年上海发展的历史进程。这些特色数据库能为读者提供尽可能系统、详尽的最新动态、前沿信息，以满足读者的个性化需求。

第三，在互联网环境下，图书馆还可以通过先进的智能感知系统，如智能手环移动App等感知读者，系统后台通过数据挖掘（包括读者的性别、职业、阅读历史、阅读方向等）分析出读者的阅读兴趣和爱好等，为读者提供个性化阅读服务和阅读推送服务。

第四节　互联网环境下图书馆读者服务质量评价

20世纪70年代，西方学者开始从市场营销的视角出发，以顾客满意度为衡量指标，开展了一系列的研究，其中包括预期—绩效模型、需求满意度模型等，这些模型已被引入图书馆的评估。近年来，国内图书馆界越来越多地关注读者服务质量评估的理论和方法，并在此基础上结合国外相关理论，提出了一套评估读者满意度的方法。然而，就整个图书馆界而言，它的研究还不够全面，也没有建立起一套科学、合理的评价准则和简便的评价方式，尤其是在新的信息环境下，随着图书馆的服务内容、方式的不断改进，以及读者信息需求的改变，怎样调整评价方式、采用怎样的评价标准才能更好地促进图书馆的服务工作、提升服务水平，成为图书馆亟须解决的问题之一。

一、图书馆读者服务评价的目的和作用

图书馆是文献信息类服务机构，其职能是为人们提供各式各样的文献信息，满足大众的文化需求。图书馆服务评价是检测图书馆服务效果与质量的科学方法和有效途径，其目的与作用也是很明确的。

（一）图书馆读者服务评价的目的

对图书馆读者服务进行评价的目的主要包括以下几点：确定现行服务水平及标准，以便日后进行评估比较；与图书馆获得的工作成果做比较；明确图书馆的价值与成本效益；发现图书馆工作的不足，以便改进。

读者服务评价的主要目的是通过收集资料和数据，对图书馆的各个工作环节进行全面分析，找出存在的问题，并提出改进对策，使馆方意识到工作中的不足之处，为其工作指明方向，同时为相关文化主管部门对图书馆进行指导和监督提供依据，实现评价与建设相结合、以评价促进建设的目的。

（二）图书馆读者服务评价的作用

评价能够促进图书馆尽快实现工作目标、提高工作效率。详细来讲，图书馆读者服务评价的作用包括以下几个方面。

1. 反映当前图书馆读者服务状况

读者服务评价是参与评价的不同主体针对图书馆的环境、基础服务、网络资源服务、咨询与检索服务等方面按照一定的标准做出的客观评价，是图书馆读者服务状况的综合反映。

2. 为决策提供科学依据

主管部门可通过读者服务评价充分了解管理对象，可根据实际情况制订管理计划。对图书馆来说，通过读者服务评价，可以反映自身的工作水平，发现与工作目标之间的差距，为改变工作重点、提高工作实效提供参考。

3. 促进行业交流和自我完善

读者服务评价大多是在一定范围内开展的，如在某个地区、某个图书馆系统甚至在全国。评价中使用统一的评估体系和评价标准，得到的最终评价结果具有极高的参考价值，反映了某一区域中图书馆发展的实际情况，为地区之间、不同图书馆之间的交流提供了机会，有助于图书馆自我纠正与完善。

4. 推动全国图书馆事业的发展

评价标准对图书馆工作提出了具体要求，对服务网点的设置、馆际之间的协调、资源共建与共享、数字化建设等也进行了规定，对图书馆事业发展具有积极的引导作用。评价还能在微观和宏观层面上反映我国图书馆行业的发展现状，为国家从整体上规划图书馆发展蓝图、推行相关的政策等提供参考资料。

二、图书馆读者服务评价指标

（一）读者满意程度评价指标

在读者服务过程中，首先要有工作人员和读者一对主客体，还要有文献资源和相应的服务方式，最后要有满足读者要求后的最终结果，这些要素统一构成了读者服务工作。读者是五要素中的主要要素，它是通过对其他要素的预期与实际感受进行满意度评价的，所以其他四个要素是作为辅助要素来使用的。

然而，这四个要素对读者产生影响的程度各不相同，重要程度也各不相同。首先，工作人员在整体的服务活动中处于主导地位，并对其他因素具有决定性的影响。在传统的服务模式下，读者需要去图书馆查找自己需要的资料，并与工作人员进行直接的接触。随着现代化图书馆自动化程度的提高以及开架借阅的增多，读者和工作人员之间的直接接触越来越少，有些人甚至根本就没有去过图书馆，而是直接通过互联网登录。但是，图书馆网站的人机接口是否友好、在网络上搜索是否便捷、网络信息的集成性有多强，这些都是由人决定的，尤其是随着图书馆工作逐渐从传统的文献服务转向知识单元服务，图书馆工作人员的知识水平以及知识组织能力、知识分析能力、知识开发能力、应变能力等都将影响到服务的品质，因此不管何种服务方式，工作人员都应成为读者满意的首要考虑因素。其次，服务结果是读者最终需要的满足和目标能否实现的直接体现，是影响读者满意度的一个要素，而与过程无关。与之相比，文献资源与服务方式的影响要小一些，但在服务的全过程中却是不容忽视的。另外，在阅读过程中，不同的阅读主体会产生不同的感觉。

（二）图书馆服务实绩评价指标

图书馆的服务业绩评估，是用员工的实际工作结果来客观地衡量图书馆的绩效，主要评价标准就是图书馆所做的各项工作。长期以来，图书馆的统计工作为开展服务绩效考核奠定了基础。但也有必要指出，在以服务业绩为标准的客观评价中，仍应以最大限度地使读者满意为标准，尤其是在目前信息过载、信息泛滥的现实环境下，读者渴求知识，同时他们缺少对信息的筛选与辨别能力。因此，图书馆的读者服务工作必须从被动的文献传递逐渐转向积极的知识供给，要强化对读者信息素质和信息能力的培养。为此，对图书馆的服务质量进行评估，要从以传递的数量为重点转向以培养信息能力为重点从以借阅为中心转向以服务为中心；应该从综合评估读者工作的各个指标出发，增加信息教育与知识情报服务的比重，指导读者工作由常规服务转向强化信息教育，提供高水平的知识服务。

三、图书馆读者服务评价方法

（一）读者满意度评价方法

我国的一些学者运用象限分析法，将每一个评价因素的期望值和他们的感知值相结合，并将这些因素的运行规律形象地展现出来，从而使图书馆的工作绩效得到了一个直观的、严谨的、形象的评估，这是一种非常科学、严谨、生动的评估方式，值得大型的评估活动参考。但是，若将其应用于一般的例行性评估，则有较大的困难，即便是已建成的评估系统，要取得资料也是十分困难的。由于要求读者对每个评估因素的最低要求值、最高期望值、实际感知值等做出清晰的判定，读者要具有较强的合作精神，而这在实际操作中常常很难实现。另外，用这样一种完整的量化评估方式对读者满意度进行评估，也并不合适。读者满意度是一种主观的范畴，读者的期望值和他的知觉值之间的对比应当是一种心理活动，在此过程中存在着大量的、持续变化的变量，因此它只能是一种模糊的对比，只有它的比较结果是明确的。因此，在综合考虑简洁性和可操作性的思想基础上，笔者提出了一种适合量化和定性相结合的分级评分法，详细步骤如下。

1．设立评分级次

依据读者对最终层次的评价指标的满意度，设置优秀、良好、一般、差四个级别，每个级别都用百分数赋值，便于读者对质量级别进行量化打分。

2．设置权重

在各个层次指标中，有关联的一套指标对上一级指标的影响程度通常并不相同，因此要按照各自的作用程度，对各个层次的评价指标分别赋予权重。笔者提出了一种基于比例标度的方法，这是一种新的评价方法。比如，在读者满意度的第二层次四个指标中，根据它们的重要性，可以将工作人员、服务结果、文献资源、服务方式等进行排序。这样可以得到各个指标的对比矩阵，然后通过方根法或者和积法来获得各个指标的权重。同样，在工作人员之下的可靠度、可信度和交度也可按它们的重要性构成一个对比矩阵，求出它们的权重。其他组的指标权重相同，此处不再赘述。

3. 计算评分

用读者对第三级指标的满意度的实际得分与它们对应的权重相乘，将各个指标加权后的分值总和就是上一级指标的得分，而第二指标的得分则与各个对应的权重系数相乘，得到的分值总和就是第一级指标得分，从而得出了读者满意度评价指数的总分。

（二）图书服务实绩评价方法

因为图书馆的服务实绩评价指标主要是一些具体的数据，所以不能对每个指标进行直接的打分，而是要结合每个图书馆的工作人员配置以及读者的种类等，为每个指标设定一个合理的上下限，并用它们的真实数据和标准进行比较。为了凸显信息教育与信息服务的重要作用，可以像读者满意度评价指数那样，将它们的权重加入矩阵尺度排序，然后通过加权运算，得到服务实绩评估指数的真实得分。

按照读者满意度和图书馆业绩这两个指标的重要性，运用专家直接定权法，也就是多名专家按照自身的经验与知识，对两大指标的权重进行直接计算，再求出专家给出的指标权重总和的平均值，以此来确定两个指标的权重值。最后对两项指标进行加权和求和，就得到了图书馆对读者服务质量的综合评估结果。

第四章　互联网环境下的图书馆阅读推广

本章为互联网环境下的图书馆阅读推广，对阅读推广概述、互联网环境下图书馆阅读推广机制构建、互联网环境下图书馆阅读推广的思路与路径以及人工智能阅读与图书馆阅读推广进行了介绍。

第一节　阅读推广概述

一、阅读推广的概念

阅读推广即推广阅读，就是图书馆及社会相关方面为培养读者的阅读习惯，激发读者的阅读兴趣，提升读者的阅读水平，进而促进全民阅读所从事的一切工作的总称。有学者认为，“阅读推广”的定义如果做如下表述，则更为大气和简洁：阅读推广就是为了推动人人阅读，以提高人类文化素质、提升各民族软实力、加快各国富强和民族振兴的进程为战略目标，而由各国的机构和个人开展的旨在培养民众的阅读兴趣、阅读习惯，提高民众的阅读质量、阅读能力、阅读效果的活动。[①]

一个人开展阅读活动的前提是培养阅读兴趣，同时阅读兴趣也是一个人开展阅读活动的动力，只有培养好阅读兴趣，才能更好地开展阅读活动。人的一生是有限的，而知识是无限的，在有限的生命中，只有选择内容好的书进行阅读，才能更好地进行阅读活动。正是因为有着提高人们阅读质量的目的，所以才要进行好书出版、导读推荐的工作。

二、阅读推广的目标人群

图书馆，尤其是公立图书馆，其服务对象是全体读者。全民图书馆不排除所

① 王波．图书馆时尚阅读推广 [M]．北京：朝华出版社，2015．

有的读者，但也不能对每个人提供各种服务。因此，在进行图书馆服务设计时，应充分考虑到不同读者群体的需要。

（一）普通人群

普通人群是指那些有一定的阅读意愿、有较好的阅读能力，认识并认可图书馆的社会价值，能够很好地使用图书馆的各项资源和服务，在没有图书管理员的特别协助的情况下，也可以通过图书馆的借读服务获取图书馆的阅读资源的人群。然而，由于知识水平、视野和文化素养的局限性，普通人群在阅读过程中仍然会遇到一些困难。

针对这部分读者，图书馆应提高其使用图书馆的效率和阅读质量。针对这一群体，图书馆管理者应充分考虑其在阅读过程中所需要的安宁和私密性，多设计一些服务性的、不受打扰的活动。

以华东师范大学、厦门大学等高校为例，这些高校结合现有的文献资料开发了一套“研究生重温”的图书资料，可以更好地调动学生的阅读热情，而在网上发表个人信息则是完全自由的，这样的阅读推广活动不会影响到读者的阅读兴趣。

（二）特殊人群

图书馆存在许多由于各种原因不能正常利用图书馆资源和服务的读者，这些读者可以统称为“特殊人群”。国际图联图书馆特殊人群服务委员会关于特殊人群的定义是“不能使用常规图书馆资源的人群”[①]，该委员会重点关注的是“因生活条件或身体、精神与认知障碍无法使用现有图书馆服务的人。这些人包括但不限于下列人群：在医院或监狱的人、无家可归的人、在养老院和其他保健设施的人，患有阅读障碍症或老年痴呆症的人”[②]。《公共图书馆宣言》特别强调，公共图书馆需要为特殊人群提供特殊服务。图书馆阅读推广的重点人群包括以下几个方面。

第一，因为缺乏阅读意愿而不愿意使用图书馆资源和服务进行阅读的人。

第二，因为文化程度较低，图书馆利用技能或信息技能不足，或受到经济社会环境限制不善于利用图书馆资源与服务进行阅读的人。

第三，因为残障、疾患、体衰等无法方便地进入图书馆阅读普通书刊的人。

第四，因年龄太小或太老无法正常利用图书馆，需要提供特殊资源与服务的人。

---

① 裴永刚．媒介融合时代的阅读推广活动研究[M]．北京：中国广播电视出版社，2017．

② 裴永刚．媒介融合时代的阅读推广活动研究[M]．北京：中国广播电视出版社，2017．

以大众为导向的阅读促进了个体阅读，而以特定人群为对象的阅读推广是一种建立、改造和重塑个人阅读行为的服务，可以提高人们的阅读和写作能力。尽管图书馆对大众进行阅读推广并非不可选择，但从其任务来看，它仅是一项辅助服务，重要程度远远低于为特定群体进行的阅读推广。

在图书馆中，以特定人群为对象进行阅读推广是很普遍的，如送书、组织阅读兴趣团体、讲故事或图画书、组织亲子阅读和户外阅读等。这是目前国内外图书馆开展得最为广泛和最为普及的阅读推广活动。

三、阅读推广的服务目标

（一）使不爱阅读的人爱上阅读

针对不愿读书的群体，图书馆阅读推广活动的目的在于引导读者。通过阅读推广活动，让不爱阅读的人乐于阅读，喜爱阅读，乃至爱上阅读。不管是读者爆满的图书馆，还是冷冷清清的图书馆，都肩负着培育未来读者的任务。图书馆可以通过一些生动有趣的、形式多样的甚至是有奖励的阅读推广活动，让不爱阅读的人体会到读书的魅力，在日常生活中体会到读书的快乐，慢慢地养成读书的习惯。

（二）使不会阅读的人学会阅读

对那些想读书却不会读书的读者来说，图书馆阅读推广活动的目的就是让读者学会阅读。在图书馆阅读推广活动的对象中，有一部分人有读书愿望却不知该怎么读书。他们认为读书可以给自己带来更多的机遇，也认为读书可以让自己变得更加快乐，从而产生一种用读书来改变生活的欲望。但是，由于受教育程度低，经济条件差，或者是缺乏对图书馆的使用，他们在阅读过程中遇到了一定的困难。针对这部分群体，图书馆应由资深图书管理员挑选适合他们的书籍，利用读书会、故事会、知识竞赛等形式，让读者在图书管理员或同伴的帮助下，逐步掌握读书的方法。这样的阅读宣传应该是日常的，并且要有受过培训的图书管理员、相应的读物以及吸引人的活动。

（三）使阅读有困难的人跨越阅读障碍

图书馆阅读推广活动旨在为有一定阅读能力，又有一定程度阅读障碍的人群提供帮助。在图书馆的服务人群中，有很多特殊的群体，如残疾人、居家不出的老人、存在各种阅读障碍的人，他们不能正常地获得图书馆的资源和服务。为他们提供特殊的服务，就是一种宣传书籍的方式。2013 年中国图书馆年会的一个主题论坛上，浦东图书馆的盲人读者王臻先生举起手中的盲杖深情地说："这根盲杖带我走到这个会场，图书馆教我的数字阅读是我的第二根盲杖，它带我游览更宽广的世界。"① 王臻先生的话非常形象地说明了图书馆阅读推广对阅读困难人群的价值，即帮助他们跨越阅读障碍。

四、以互联网技术为支撑的阅读推广模式

（一）多媒体技术推广模式

多媒体技术是一种对文字、声音、图像、视频进行整合的技术。多媒体的使用使得资料更加视觉化，更具吸引力。各类阅读推广活动中经常会运用多媒体技术，在这一过程中，也有许多别出心裁的想法，从而使以多媒体技术为中心的阅读推广模式得以发展。

在影像科技领域，北大图书馆举办了精品摄影展，以"精品书目＋读书摄影模拟秀"的形式，在馆内、网上同步展示，引起了广大读者的关注。数据显示，目前已有超过 28 万人阅读了与图书馆官方微博有关的主题，多数被推荐书籍的借阅数量有所增加，表明这一活动对读者的阅读行为起到了很好的促进作用，收到了切实的成效。

（二）新媒体平台推广模式

在网络飞速发展的今天，以微博、微信为代表的新媒体平台已经成为一种被普遍采用的阅读推广方式，其技术门槛低，传播速度快，受众面广。现在，很多图书馆开通了自己的微博、微信，这两个平台也在不断地吸引着读者。由于微信的开放机制，其能够支持图书馆的各种业务，如读者导读、文献检索、业务提醒、各种活动推介、二维码占座、二维码门禁、经典阅读书目推送等。近年来随着图书馆 2.0 的发展，越来越多的图书馆开始应用社会性网络进行阅读推广，如清华大学图书馆在人人网上成立的图书馆俱乐部——清华大学图书馆书友会等。

（三）大数据理念推广模式

随着大数据思想在社会生活中的广泛应用，图书馆在日常工作中产生的海量用户数据、借阅数据和访问数据越来越受到关注，由此催生了以大数据为基础的图书推广模式。

---

① 范并思．阅读推广与图书馆学：基础理论问题分析 [J]. 中国图书馆学报，2014，40（5）：4–13.

从2012年起，上海图书馆每年都会向读者发送一份“个人读书单”，统计他们的读书轨迹，并根据他们的借阅次数授予其文青、极客、书虫等头衔。这份报告也包含了上海各大图书馆人均借阅书籍的数量、最多借阅书籍的读者数量、借用次数最多的书籍数量，以及上海市区图书馆的规模等。

（四）游戏式推广模式

通过游戏式的推广宣传，图书馆重新焕发了活力。图书馆通过多种游戏式的互动交流，更好地了解了读者的需求，并且个性化的设计也吸引了不少读者的兴趣。比如，“虚拟图书管理员小布”就是2012年武汉大学图书馆为了拉近与读者的距离而设计出来的；另外，2014年还推出了以“小布”为主人公的通关游戏，以及2015年推出的“拯救小布之消失的经典”主题阅读活动，都在不知不觉中吸引了读者的兴趣，宣传了图书馆业务活动。

另外，在2011年，清华大学图书馆推出了“排架也疯狂”游戏，对随机出现的书籍进行分类，使读者可以在图书馆内准确地还书。重庆大学图书馆在2014年启动了“我的任务”，设置了用户注册邮箱、关注图书馆微信、发布书评、推荐书籍、参加志愿者活动以及门禁签到等活动，并有对应的点数，有数万人踊跃参加。2014年，清华大学图书馆采用虚拟现实技术，搭建了“虚拟漫游”“照片墙”“知识地图”“知识闯关”四大模块，其中读者能够通过“虚拟漫游”，在虚拟图书馆中任意停留、浏览，从而增强对图书馆的整体布局及功能的认识。

第二节　互联网环境下图书馆阅读推广机制构建

图书馆作为保存和传承人类文化遗产的重要机构，既积淀着古老的传统文化，也表征着现代文明，更肩负着提高全民素质的重任。尽管在互联网时代，人们可以通过各种平台、以各种工具利用自己闲暇的时间、用自己喜爱的方式来阅读，并通过阅读来满足自己的各种个性化需求，但图书馆与其他可供阅读的机构相比，仍然具有无可比拟的优势。它不仅能为读者提供一个安静、舒适的阅读环境，更能为读者提供各种类型、各种专业的、完整的文献资料；不仅能让读者免费使用图书馆的各种文献资源，让读者享有平等阅读的机会和权利，更能使读者感受到只有在图书馆才能领略到的完整的科学知识体系和人类文化遗产。

一、构建完善的文献资源建设机制

文献资源建设机制的构建是图书馆发展的重要基础和阅读推广的基本保障。随着互联网时代的到来，图书馆积极实现了跨界融合，这就为图书馆的阅读推广活动提供了很好的机遇。对于文献资源建设工作，图书馆应打破传统业务的束缚，加强文献资源建设，优化阅读环境，通过跨界融合整合网络资源，扩大图书馆文献服务的范围，引导用户开展数字阅读。图书馆可以借助丰富多彩的文献资源，激发读者的阅读兴趣，还能引来更多的潜在用户，进而从用户那里获得及时的反馈信息。随着社会各界跨界融合的不断深化，图书馆的阅读推广活动也改变了推广的方式，在创新互联网阅读推广内容的基础上，为实现全民阅读提供支持。

二、构建良好的技术保障机制

不论是传统阅读方式中的信息推送或目录资源的整合，还是愈加流行的碎片化内容的电子阅读，都离不开信息技术的支持。在互联网时代，现代图书馆发展的一个必然要求就是掌握应用信息技术，这是利用现代多媒体技术拉近图书馆与读者之间距离的有效手段。

图书馆在进行阅读推广的过程中，必须重视宣传与策划工作，要用各种形式的活动引起社会的关注并吸引公众的参与。比如，图书馆创建的微信借阅与查询平台、移动图书馆、微信公众号等，涵盖了大量优质数字阅读资源，能够满足不同层次用户的数字阅读需求，能实现图书馆与读者之间的良好互动，获得有效的信息反馈。图书馆只有顺应互联网发展趋势，构建技术保障机制，加强与技术人才、出版界、移动通信供应商等的跨界合作，搭建可以承载与推荐大量优质阅读资源的服务平台，高效整合图书馆领域的资源，才能保证阅读推广跨界融合的服务质量。对于图书馆阅读推广的宣传途径，可以充分利用馆内外渠道，高校图书馆也可以利用校内外渠道。除了传统的宣传手段如发放宣传单、陈列展柜展板、拉横幅、发海报等，还可以利用图书馆的专题网页、电子屏、E-mail以及微博、微信公众号等，及时发布阅读信息和阅读内容，开展宣传推广活动，将活动主题和内容直观且立体地呈现在读者面前，使读者可以及时获得图书馆的阅读服务、阅读资源、阅读指导文章等。读者也能通过各种多媒体将信息发布出去，分享给更多的读者。近年来，各类图书馆开展的“你选书，我买单”读者自选图书活动，使读者可以根据自身的需求参与到图书采购活动中，深受广大读者的喜爱与好评。

三、构建数字阅读推广平台发展机制

在互联网时代，各种媒体丰富多样，信息资源迅速发展、数量不断增多，图书馆为了提升阅读推广活动的效果，更好地服务用户，综合利用各种社会媒体的功能，必须构建完善的数字阅读推广平台发展机制，进而搭建专门的数字阅读推广平台。数字阅读推广平台的设计与应用应符合当前互联网信息结构，满足不同层次用户的阅读需求，为用户提供一个分享阅读心得的机会，还应使图书馆在第一时间发布馆内的阅读信息和内容，使用户及时获取图书馆的阅读资源、阅读服务等，为用户与图书馆馆员之间的互动交流、信息反馈提供沟通渠道，从而促进阅读信息与内容的传播。图书馆还应通过平台对用户的阅读方法进行在线指导，一方面能够提升用户的阅读兴趣，解决用户的实际需求；另一方面能够顺应互联网的发展趋势，保障阅读推广活动在跨界融合中的服务质量，进而促进图书馆阅读推广活动的顺利开展。在实际应用中，数字阅读推广平台除了进一步推进全民阅读活动外，还应通过对用户阅读需求的调查，使图书馆在阅读推广活动中有明确的方向，通过阅读推广方法的改善，检测与评估用户阅读行为的数据。

第三节　互联网环境下图书馆阅读推广的思路与路径

一、互联网环境下图书馆阅读推广的思路

随着国民对阅读的兴趣越来越大，图书馆也开始更加注重阅读推广活动。图书馆肩负着推广阅读的重要职责和使命，通过各种形式的活动激发用户的阅读兴趣和激情，以便提高用户的阅读素养和能力。如今，在互联网时代，如何将纸质图书与电子资源相结合，实现更加精细的阅读，使用户的阅读从碎片化向整体化转变，以提高阅读推广的质量和效率，已成为图书馆馆员亟须解决的问题。

在互联网时代，大量信息涌现，使得人们的阅读方式发生了变化，人们常常进行着浅层次的阅读。为此，图书馆应该积极应对数字阅读给人们带来的冲击，开辟新的阅读思路，提升全民阅读的质量。具体来说，图书馆应该从如下几个方面的工作入手。

其一，图书馆应加大力度宣传经典阅读，提升国民整体的阅读能力以及文化素养。经典可以再现人类的文明，只有经过积极主动的心灵发现和精神解构，人

们才可能体会到经典的思想意蕴和艺术魅力，因此图书馆要增强用户对经典阅读的认识与了解，努力为用户营造良好的阅读风气，进而实现真正意义上的全民阅读。与此同时，图书馆要引导用户阅读经典，向用户传授一些阅读经典的方法，从根本上提升他们的文化素养。

其二，图书馆应保证信息资源的质量，努力提升服务能力。实际上，馆藏信息资源要比网络信息资源更有优势，不管在学术价值上还是权威性上，都要远远优于网络信息资源，所以建立基于互联网的馆藏信息资源保障体系势在必行。在网络技术的推动下，图书馆应不断优化升级本馆的馆藏信息资源，也要注重挖掘本馆的一些特色资源，强化专业化、特色化服务，将工作重心放到特色馆藏资源的建设上，使信息资源得到优化配置。

其三，图书馆在积极建设和完善自身的同时，要努力与其他行业进行跨界整合，在达到信息资源协同发展的基础上，实现阅读推广活动的创新。

二、互联网环境下图书馆阅读推广的路径

（一）注重阅读推广的主体、客体和对象

通常，开展阅读推广活动会涉及三个方面：推广主体、推广客体和推广对象。作为文献资源的聚集地，图书馆是阅读推广的主要主体，其他各级单位以及相关部门只要可以参与阅读推广活动的，均可以成为辅助主体。图书馆所有能阅读的资源均可以当作阅读推广活动的客体。所有能够参与阅读的广大用户都可以看成图书馆阅读推广活动的对象。

总之，推广主体、客体和对象三者之间是相互关联、相互促进的。在整个阅读推广活动中，阅读推广主体发挥着重要作用，因为其扮演的角色是策划者和组织者，其一方面会影响阅读推广对象的阅读态度，另一方面会影响整个阅读推广活动的实施。需要指出的是，图书馆要开展阅读推广活动，应该先确定一个主题，有一个准确的定位，并且要有既定的图标和鲜明的特色，这样才容易激发广大用户的阅读兴趣。

（二）以用户为中心，转变服务方式

尽管阅读推广活动是一项很基本的服务，但是完全凭借图书馆自身的力量也是难以获得理想效果的，所以应该尝试与出版社、数字资源厂商、书店以及其他行业等联盟，通过跨界整合，实现对资源推荐的一站式服务，最终协同发展，促

进阅读推广活动的创新与发展。图书馆在开展阅读推广活动时，应该采用传统阅读方式与新媒体阅读方式相结合的方法，以满足用户的多元化信息需求，特别要利用“互联网＋阅读模式”的优势，为用户提供舒适的阅读体验。

（三）拓展服务平台，扩大影响力

互联网时代的到来，使得数字资源的种类越来越丰富，人们可以选择的阅读方式也越来越多样化。图书馆要获得更多的读者，就应该搭建一个包罗万象的“全渠道阅读平台”，一个面向手机、平板电脑等阅读终端的平台。为了满足读者的阅读需求，图书馆应该不断地完善数字阅读服务，大力投放和推广电子阅读器，也要根据时代发展的需要，升级阅读服务平台，实现数字化信息平台的最优化，向读者传达更为丰富的阅读资源，提升读者的阅读体验。与此同时，图书馆要努力与其他新媒体平台进行融合，充分利用互联网技术和各种新媒体平台，通过对线上和线下资源的有效整合，组织丰富多彩的阅读推广活动，为用户提供全方位的阅读体验。

（四）紧跟互联网潮流，丰富服务内容

随着互联网时代的到来，人们的生活节奏明显加快，各种压力也接踵而至，同时信息的多样化更让人眼花缭乱，所以人们更愿意阅读一些较为流行、时尚、短小的内容。作为为人类提供信息资源的最基本场所，图书馆除了要根据读者的需要，通过微博、微信、移动图书馆等新媒体平台发布文章外，还应根据自身的功能定位，针对不同的读者提供有差异的资源服务，特别是要提供一些特殊的阅读资源，以吸引读者参与到阅读中。

图书馆要充分发挥互联网的优势，通过发掘新媒体并与之整合，为不同的读者提供不同的服务，积极推进阅读推广活动的深入发展。

（五）完善和健全图书馆阅读推广机构

在互联网环境下，图书馆要转变观念，用互联网思维认识阅读推广活动对未来图书馆建设的重大意义。首先，图书馆需要将阅读推广纳入基础性服务工作，建立健全阅读推广组织机构；其次，充分利用各项社会资源，鼓励相关部门积极参与推广活动并制定科学的策略。

1. 成立常设的阅读推广委员会

为了能够更好地促进阅读推广工作的顺利开展，图书馆应该设立一个常设的阅读推广委员会，负责策划、组织和实施一系列阅读推广活动。另外，阅读推广

委员会还可以设置相应的阅读推广专家委员会以及秘书处。

首先，阅读推广专家委员会的主要职责包括为阅读推广活动提供业务指导，制定图书馆阅读推广活动的宗旨和总体目标；对负责规划、组织和执行读书推广活动的团队成员进行专业培训；设计一个全面的方案，以提升图书馆的阅读推广效果。而秘书处的职责则是策划、组织并执行阅读活动的各项具体事务。

其次，秘书处应设立专门小组，致力于深度研究读者的阅读行为和阅读心理，将读者的年龄、性别、文化程度等明显特征作为依据，以深入分析他们的阅读状态、兴趣、需求以及特点，并相应地制订具有个性化特征的阅读推广方案。

最后，为了确保图书馆阅读推广活动能够取得显著成果，图书馆阅读推广委员会需要采取两方面的重要措施：一是引进具备营销、策划和管理能力的复合型人才，帮助阅读推广委员会更好地实施工作，并加强对现有图书馆馆员的阅读推广培训，提升他们的推广能力。中国图书馆学会于 2016 年 3 月 30 日发布《关于开展 2016 年“全民阅读”工作的通知》，其中第三条提到了加强建设阅读推广人才队伍，以此为推动力，培养更多的“阅读推广人”。提高阅读推广水平的重要保障是拥有专业人才，因此需要加强学术交流和人才培养工作，特别是要注重培养年轻的图书馆馆员，以提高他们的职业声望和自豪感。积极展开“阅读推广人”培养计划，旨在提高阅读推广工作人员的专业素养。进行专题培训，其中包括基础工作和理论的培训，以及推广儿童阅读、经典阅读、时尚阅读和数字阅读的培训。与此同时，进一步拓展开发培训平台的功能，优化培训和管理流程，并建立严格的评估机制，以切实提高培训的实际效果。二是要广泛吸纳图书馆志愿者积极参与。无论是公共图书馆还是高校图书馆，其所面对的读者都是一个庞大的群体，尤其是公共图书馆，其受众的面更广、结构更为复杂，单靠图书馆阅读推广委员会的成员是很难圆满完成阅读推广任务的。

2. 制订系统、完善的阅读推广计划

图书馆需要进行综合考虑和精心安排，以制订更加全面、系统的阅读推广计划。为此，图书馆可以从以下几个方面入手。

首先，从宏观层面来看，需要做好阅读推广的顶层设计，包括对图书馆阅读推广活动的主题、整体目标、整体流程以及评价机制予以确定。需要注意的是，整体的目标和整体的进程应当具有稳定性、预见性以及拥有一个合适的周期。例如，2023 年 3 月 17 日，中国图书馆学会发布了《关于开展 2023 年“全民阅读”工作的通知》，内容就是 2023 年各公共图书馆开展阅读推广活动的顶层设计。

其次，针对每一个具体的阅读推广活动，均需要制订详细的计划和策略，应当合理地安排和组织活动，包括时间、地点、方式等方面的规划。只有这样，才能更好地确保每一次的阅读推广活动都能够取得实际效果，并使预定的任务圆满完成。

最后，在每一次的阅读推广活动结束后，图书馆都要对其进行相应的总结分析，包括总结成功经验和分析失败的教训。当然，此举的目的不在于总结，而在于让下一次推广阅读活动的效果获得有效提升。

（六）建立完善的阅读服务平台

《普通高等学校图书馆规程（2015 年）》第 32 条指出，图书馆应积极采用新媒体，开展阅读推广等文化活动。[①]《公共图书馆服务规范》也规定，公共图书馆应通过媒体、网站、宣传资料、宣传栏及各种现代化通信手段等形式，邀请、吸引读者参与和互动。[②]随着互联网时代的到来，人们越来越倾向于使用移动终端进行阅读，原因在于互联网所具有的泛化性以及使阅读时间更加碎片化的特点。这也意味着，读者无须去图书馆就可以获得所需的文献信息资源。在一定程度上，这降低了图书馆存在的价值和意义。虽然互联网时代改变了读者的阅读方式和阅读习惯，但是未发生改变的是读者的阅读需求和兴趣。因此，只要图书馆能够提供适合移动终端阅读的平台或途径，仍然可以作为读者满足自身阅读需求的优质平台。

目前，移动终端包括 PC、平板电脑、手机、Kindle 等，已经成为阅读的主要载体。为了能够更好地吸引读者，图书馆需要打造一个更高质量的数字信息资源阅读平台，并开展多样化的阅读推广活动。这个平台需要具备高度的互联性，从而更好地支持读者通过各种移动设备获得互动式阅读体验。与此同时，图书馆应充分整合图书馆线上线下各种资源，集中向读者推送各种阅读资源、视频资源和音频资源等，并借助互联网阅读平台，与读者进行即时信息交流、沟通和互动，让读者获得更加个性化的服务和全方位的新型阅读体验。事实证明，在互联网时代，只要图书馆建立一个完善、健全的互联网阅读平台，实现线上和线下阅读推送，不仅能让读者走进图书馆，彰显图书馆在新时代的价值和意义，而且能极大地提升阅读推广活动的效果，实现图书馆价值的创新。

---

① 肖三霞．图书馆全民阅读推广与服务模式构建研究[M]．长春：吉林出版集团股份有限公司，2020．

② 刘剑英，叶艳，姚晓鹭．计算机技术与公共图书馆管理[M]．北京：九州出版社，2017．

（七）丰富图书馆阅读推广内容

阅读推广活动应该与当下的文化背景相适应，打造出具有鲜明个性化特色的主题，同时提供更加丰富多样的阅读材料。这既是使图书馆阅读推广活动能够得到更好促进的核心，也是成功开展这一活动的关键所在。以下内容主要针对如何设计主题既可以吸引大量读者参与，同时和图书馆的宗旨相符这一目标的措施建议进行具体论述。

1. 建立与读者阅读相关的信息数据库

图书馆要善于运用大数据分析系统和云计算技术，建立起本馆的读者阅读兴趣数据库，即在广泛收集读者各种信息如年龄、学历、研究方向、工作定向等的基础上，运用大数据分析系统，分析读者的阅读兴趣、爱好、阅读方式，这是有效开展阅读推广活动的前提与基础。

2. 开展有针对性的主题推广活动

根据分析结果，确定具有针对性和导向性的阅读推广活动主题，并相应地分配阅读推广资源。阅读推广活动要避免的最大问题是主题过于单调、形式过于单一。作为传承人类文化的场所，图书馆有责任引导读者阅读并学会欣赏阅读。在确定阅读推广的主题和配置阅读推广资源时，需要明确具体的方向和目标。从实际角度来看，可以根据不同的读者群体特征，如读者的年龄、职业或是性别等来提供更具有个性化的阅读推荐；从年龄层面来看，可以针对儿童、青少年、成年人或老年人等，推送不同的阅读内容；从职业角度来看，可以根据学生、工人、农民、机关工作人员、学术研究人员等不同职业群体进行相应的阅读推荐。与此同时，亦可根据阅读群体的性别特征开展个性化的阅读推送，如孕妇指南、男女青春期教育等。

3. 开展寓教于乐的阅读推广活动

除了具备进行社会教育、传递科学信息以及开放知识资源的职能，图书馆也在扮演着提供文化娱乐的角色。因此，在阅读推广资源的配置上，图书馆不能一味推送经典服务以及专业性很强的阅读服务，更应推送与广大读者生活密切相关的各种休闲阅读；不仅要推送文字阅读，也要推送音频、视频阅读。从阅读推广的主题和阅读资源的配置范围来看，不仅要涵盖不同的读者群体，而且要覆盖读者的学习、工作和生活各个领域，以满足不同读者的阅读需求，让读者感受不同的阅读体验，从而吸引读者更加广泛地参与，进而提高阅读推广活动的效果。

4. 开展更具吸引力的阅读推广活动

南京在2016年6月开启了第一批50个“图书漂流文化驿站”，截至同年的

12 月，已设立了 154 个。专用的书架可以被放置在办公大楼、阅读室以及书店等公共区域中，市民不需要缴纳押金或者致电办理借书证，只需扫描二维码就可以将自己所喜爱的书籍带回家自行阅读。“图书漂流文化驿站”由南京市全民阅读办授权，南京广电集团出资筹建，每个漂流驿站设置统一的书架，摆放 100 本图书，种类涵盖历史、文化、人文、社科等，方便市民免费取阅。华东师范大学中文系教授陈子善认为，这种打破阅读封闭性的图书分享模式，让书香城市建设有更大的发展空间。①

（八）建立多元化阅读推广互补机制

1. 公共图书馆阅读推广机制

（1）出版社、书店和图书馆相互联合的阅读推广机制

从现实角度来看，阅读推广的起源与核心、知识产品的生产者均为出版社。因此，在进行阅读推广的过程中，出版社必须秉持着社会责任意识，保持着社会公益性特征，持续推出优质、具有广泛影响力的出版物，以此为广大读者提供有益身心健康、具有正面能量的思想和文化资源。由此，我们能够看出，图书馆和书店在阅读推广方面扮演着非常重要的角色，其有责任和义务向读者推荐、展示和宣传阅读经典和优秀的书籍。图书馆和书店作为一个城市重要的文化地标，以书为媒介，既为读者提供与书邂逅的机会，也为读者提供与书约会的场所。当读者面对如此海量的出版物时，他需要有选择地阅读，即需要图书馆和书店进行阅读推广，引导读者阅读。因此，图书馆在进行阅读推广活动时，应与出版社、书店进行合作，将出版社已经出版和即将出版的优秀图书、图书馆已经收藏和即将收藏的图书、书店已经拥有和即将拥有的图书展示并推荐给读者，从而打造一个多元推荐主体的联合模式。

（2）图书馆与政府部门、其他媒体和民间读书机构合作

图书馆与当地政府部门、其他媒体和民间读书机构合作能够推动图书馆事业的发展，从而更好地提高阅读推广的成效。例如，2015 年 6 月 1 日正式运行的“镇江市智能公交数字阅读推广项目”，在全市 750 辆公交车上的 1500 多个智能移动平台和 150 多个公交站台电视显示屏上，通过特别定制的二维码，为市民提供“名家系列”“少儿系列”“畅销系列”等电子图书及有声读物，让市民在碎片化的时间里也可以阅读，从而创造性地把整个城市打造成了一个虚拟的智慧图书馆。

① 肖三霞．图书馆全民阅读推广与服务模式构建研究 [M]．长春：吉林出版集团股份有限公司，2020.

2. 高校图书馆阅读推广机制

（1）利用互联网加强与其他部门的协作进行阅读推广

在互联网背景下，图书馆可以与学生处、团委、宣传处、学生会等联合进行阅读推广活动，利用宣传单、公告栏、广告滚动条、触摸屏等进行服务推广宣传。还可以与教务处协作，如在大一开设阅读课程，帮助学生找到适合自己的阅读方法，知道如何多读书、读好书，培养良好的阅读习惯；还可以把学生推荐专业书目作为教师绩效考评的内容之一，给予教职工阅读的动力，也能激发学生的阅读兴趣，进而提高读者的文化素养。例如，安徽农业大学以图书馆新媒体学生团队和学生服务中心团队为代表做图书馆资源与服务的传播者和践行者，通过各种阅读推广活动（移动图书馆、读者分享会、慕课培训和辩论赛等），让更多的人了解图书馆、喜欢图书馆、爱上图书馆，分享关于世界的知识和见解。

另外，可以充分发挥大学生读者协会的作用。大学生读者协会是在图书馆的指导下，由各个年级、专业的阅读积极分子组成的大学生文化社团。图书馆可免费为协会成员提供一个相互学习、交流、阅读、写作、进行文学鉴赏的平台，也可为他们提供一个自主学习、管理和发展的空间，以此潜移默化地激发他们的阅读兴趣和热情，从而通过协会成员的影响，带动周围的同学，为营造良好的校园文化提供支持。

（2）利用社会力量进行阅读推广

积极借助社会各方资源，包括政府、教育部门、出版商、学术团体、媒体机构以及家庭等，共同协作，形成合力，全面推进阅读推广活动的深入开展。

在此可借鉴英国的经验，将阅读推广上升为国家文化战略，将较为分散的倡导阅读的力量和声音变成一个国家工程。

国内可以以中国图书馆学会阅读推广委员会这样的独立机构为依托，以图书馆为主体，利用图书馆学会和图书情报工作委员会的力量，协调整合社会各方力量，通过制订诸如“国家阅读节”等计划，使阅读推广活动规范化和常态化，使分散的各类全民阅读活动系统化、有序化、常态化地开展，从而使各方的联系沟通通过互联网来实现。

（3）利用大众媒介和新媒体进行阅读推广

网络环境下的图书馆宣传活动，已不只是图书馆单一承办和组织的一项活动。与有关部门合作，构建多元的阅读推广互补机制，既能将各方面的人力、物力、财力集中起来，又能扩大阅读推广活动的影响，让阅读推广的主题、内容和方式变得更加生动有趣，更具吸引力。只有这样，才能更好地推动图书馆的阅读推广活动。

近些年，我国一些电视台、网络媒体也开办了一些读书节目，这些节目因其所具备的实用性和生动性特点，受到了观众的关注和热议。从现实角度来看，这也是一种阅读推广利用社会媒介的切实有效的形式。例如，央视的《读书》《百家讲坛》以及凤凰卫视的《开卷八分钟》等。

（九）建立和完善阅读推广的评价机制

良好健康的阅读活动不仅可以增长知识，提升个人的文化素质，而且对于提高整个国家的软实力，增强中华民族的凝聚力具有重要的推动作用。全民阅读是一项系统工程，需要国家、政府、企业和全社会的全力支持，共同营造良好的阅读环境和氛围，而阅读推广活动则是提升全民阅读效果的可靠保证。因此，建立和健全科学的阅读推广评价机制是图书馆阅读推广活动的重要内容之一。

例如，可以通过图书馆大数据分析系统，引导读者对阅读推广的效果进行评价，并建立读者阅读推广效果评价指标体系，包括单位时间到馆的阅读人数、借阅率、电子资源的访问率和下载量等。阅读推广任重道远，培养全民的阅读习惯，提高个人的阅读素养，绝非举办一两场阅读推广主题活动、推荐一两本经典读物就可以实现。阅读推广需要持之以恒，与时俱进。

此外，图书馆还可以通过互联网平台，对读者进行阶段性和实时化的问卷调查，包括读者对推荐读物的评价、阅读体验、阅读的满意度和阅读需求的满足度等，并将其作为阅读推广评价指标的考量因素，从而建立起一个科学、合理的阅读推广评价体系。

图书馆作为阅读推广的前沿阵地和主战场，应将阅读推广纳入图书馆常规的服务工作范畴，并成立阅读推广的专门机构，制订阅读推广的整体规划，联合出版社、书店、政府相关部门、媒体、社会其他机构等多方力量和读者，精心组织，统筹安排，充分运用互联网新技术和新媒体，拓展阅读推广的宣传渠道，创新阅读推广的主题，建立起互联网环境下的阅读推广体系，不断改进和探索新的阅读推广模式，以使图书馆阅读推广活动真正取得实效。

第四节　人工智能阅读与图书馆阅读推广

人工智能（Artificial Intelligence，AI）的兴起和运用体现在很多领域，如教育领域、出版领域等。现如今，AI 的应用正在为传统的阅读方式带来革新，而这也对图书馆的阅读推广工作提出了新的挑战。图书馆能够成功推广 AI 阅读的关键在于其能够成功构建和实现阅读推广场景。其中，AI 在图书馆阅读推广方面的应用包括提供陪伴式阅读推广、自适应阅读推广和游戏化阅读推广等。

随着 AI 的迅速发展，社会各界对其已经非常熟悉，尤其是在我国将 AI 提升到国家战略高度后，AI 在各领域的应用和突破层出不穷，让人惊叹不已。AI 机器阅读的突破引起了包括图书馆等社会阅读推广机构的思考，他们正在研究和探索如何更好地开展用户阅读推广、如何更好地提升阅读效率，与此同时，对在阅读推广中的深度应用——AI 机器视觉、语音识别、语义理解等技术充满着好奇以及期待。

一、AI 阅读已成为一种发展趋势

2018 年的 4 月 16 日，杭州举办了 AI 赋能阅读活动。来自全国的优秀 AI 专家、创业者、出版专家和媒体人就如何利用 AI 技术让数字阅读更加个性化、智能化进行了研讨。他们讨论了如何在数字阅读中实现全双工交互、多轮对话等技术；如何利用 AI 技术使数字阅读体验得到增强；如何丰富新的体验场景和内容把控，以及如何应用 AI 准确预测新闻和推送等领域的相关内容，对 AI 和阅读文化之间存在的众多可能性进行了研究探索。

（一）AI 阅读发展的驱动应用

近年来，在教育场景中的多项探索应用，如 AlphaGo 战胜李世石、VR/AR（仿真实验）、数据可视化、认知计算、情感计算、高级机器人技术和基因技术等，预示着未来教育的核心驱动将来自以 AI 为核心的“科技 + 教研创新”。随着时代的进步与发展，AI 教育成为一股势不可挡的浪潮。为此，教育部于 2018 年 4 月 10 日发布了《高等学校人工智能创新行动计划》，旨在推动 AI 与不同领域的复合专业培养新模式的发展，覆盖中小学和高等教育。

与此同时，AI 教育实践方面出现了很多出色的应用，如在个性化学习、虚拟学习助手、商业智能化以及专家系统四个应用场景的基础上，形成了涵盖个性化学习、自动问答辅导和答疑、智能测评、模拟教学、游戏化教学、教育决策以及幼儿早教机器人等多个领域的应用。从智能评估领域来看，国家 863 计划的“基于大数据的类人智能关键技术与系统”已经取得了阶段性成果，其中，“讯飞教育超脑”利用了大数据、文本识别、语音识别和语义识别等技术，使得规模化的自动批改和个性化反馈成为现实。现如今，这项技术已经在全国 70% 的城市、1 万多所学校得到了运用。

（二）AI影响下的阅读变革

行业内认为，AI的进步分为三个关键阶段：计算智能阶段、感知智能阶段以及认知智能阶段。从目前来看，AI正在经历第二个阶段，即感知智能阶段，它可以理解语言和图像信息，做出判断并采取相应的行动，助力人类完成与视听相关的工作。在这个阶段，AI的应用可以分为以下三个层面。

第一个层面是运算智能，即机器可以进行计算和存储。

第二个层面涉及感知智能和运动智能，即机器能够聆听和说话，并且能够识别视觉内容。

第三个层面是关于思维能力的，即AI能够通过智能学习和自然交互，从而助力改变阅读行业。

很明显，AI将极大地改进人类阅读的体验，赋予读者更多获得信息的方式。例如，即听即见（通过自动语音转换为文字）、智能协作（由机器帮助作者进行校稿）以及智能创作（通过机器判断大数据赋予情感创作）等。

就AI对阅读思维产生的改变而言，可以从以下几个方面进行探讨。

其一，AI阅读能够突破时间和空间的限制。AI为人类提供了跨越时空限制的多感官阅读体验，这得益于其对优质内容和场景应用的依赖。

其二，AI使得全面、多维度的感知成为一种日常体验。随着机器语言处理、自然语言理解、信息抽取与知识挖掘、搜索引擎、语音识别等技术的不断发展，AI阅读能够更加贴近人类的语言理解和思维处理方式，成为一种多感官的交流体验。这种阅读体验不再仅仅是单向的知识传递，而是基于多个感官进行感知、体验和互动，最终实现具有个性化、人性化特点的智慧服务。

二、AI赋能的图书馆阅读推广

AI是一门研究如何让机器表现出一定程度的智能，模拟人类智能行为的科学。它探索如何构建能够自主学习和自适应的人工系统，从而实现一些之前只能由人类完成的智力任务。其通过应用计算机软件和硬件来模拟人类某些智能行为，是计算机科学的重要分支之一。要探索AI在教育和出版领域的应用以及AI所带来的阅读变革，我们需要重新审视劳动密集型、知识集约型阅读的传统定义，并在此基础上重新评估和改变图书馆的阅读推广策略。

（一）AI让图书馆阅读推广拥有无限可能

图书馆承担的阅读推广职责不但是现代图书馆存在的价值之一，也体现在了近年来制定颁布的一系列法规、规程中。例如，《公共图书馆法》第33条规定公共图书馆应当按照平等、开放、共享的要求向社会公众提供阅读推广等服务，明确指出公共图书馆应当通过开展阅读指导、读书交流、演讲诵读、图书互换共享等活动，推广全民阅读。《普通高等学校图书馆规程》第32条明确规定图书馆应积极参与校园文化建设，积极采用新媒体，开展阅读推广等文化活动。

在信息时代和知识时代中，图书馆始终扮演着阅读推广的重要角色。而伴随着AI时代的到来，图书馆的阅读推广能力得到了进一步的扩展，展现出了无限的潜力。利用AI技术，图书馆可以更好地激励读者自主制订学习计划并开展主题式的探究学习活动。由于AI的出现，图书馆的阅读推广不再受到空间和时间的限制，人们可以在任何地方、任何时候进行学习和阅读。通过AI阅读推广，图书馆的读者可以获取更多的知识，与此同时，图书馆馆员和图书馆也可以与AI一同进步和成长。在AI技术的助力下，图书馆正在探索更多创新的阅读形式，如将阅读转化为游戏化体验，提供沉浸式的VAR（视频助理裁判）阅读体验等。通过AI的应用，图书馆更加注重读者的个人体验，并利用读者的阅读创造性思维成果不断优化阅读推广方式。

（二）图书馆AI阅读推广场景的构建与实现

在AI时代，成功实现应用场景和技术开发至关重要。从现实角度来看，构建AI应用场景需要逐一考虑不同领域的需求。在构建图书馆的AI应用场景时，可以从时间和空间这两个维度入手。与此同时，也可以根据不同构建类型进行划分，如自适应阅读推广场景以及游戏化阅读推广场景等。

1. 自适应阅读推广场景

自适应阅读指的是借助AI技术，对用户的阅读行为进行分析，为其提供个性化的阅读内容、节奏和进度，并运用知识图谱等手段进行呈现，以提高用户的阅读效率和学习效果。传统的阅读推广方式如书目推荐等，往往采用的是粗放型的资源组织和推送方式，无法实现以个人为单位的自适应阅读。因此，个性化程度相对较低，难以根据个人的阅读进度和兴趣进行内容推荐和测评。通过对用户的阅读行为等数据进行大数据分析构建用户画像，在现有的图书馆智慧服务平台和机构一站式服务系统的基础上，将AI在教育和其他领域的成功应用引入图书馆，进而升级和改造基于用户阅读场景的服务平台。这个新平台将提供各种数据服务和智慧服务，如知识图谱、图像识别、语言识别、智能翻译和自然语言集成化处理等，帮助构建自适应的阅读场景，从而更好地服务于AI时代的广大读者群体。

2. 游戏化阅读推广场景

随着 AI、VAR 等技术的不断进步，人类已经能够更加轻松地体验和感受虚拟化、游戏化的未来生活。虚拟现实游戏利用虚拟环境系统和游戏道具，为玩家带来更真实的线上与线下沉浸式体验。通过多种感官刺激，如嗅觉、味觉、触觉、听觉和视觉，以及 360 度的全方位移动、奔跑、瞄准和射击等动作，用户能够享受更加真实、刺激的游戏体验和服务感知。实际上，图书馆已经在推广阅读的多个方面采用了游戏化策略和联动方式。

从现实角度来看，AI 技术在出版行业的运用为推广图书馆的游戏化阅读场景构建提供了实现的前提。例如，电子书《小红帽》是由备受国际认可的童书出版机构 NOSYCROW 出版的。在这篇故事中，孩子具备左右小红帽做出影响故事结局的抉择的能力。每朵花代表了一条不同的路线，而这些路线会带领小红帽经历各种不同的事情，或许会遇到可爱的小鸟，或者是其他的惊喜，最终抵达目的地。这些互动游戏能够启发孩子的探索欲望和求知精神，帮助他们更加热爱阅读。

因此，图书馆可以探索并加强游戏化应用在 AI 方面的运用，包括利用技术应用和商业平台引进等方法，进一步促进在线和离线场景的构建和服务内容的发展，从而为图书馆的阅读推广注入更多的生机与活力。

在我国的图书馆学研究中，有相关学者将场景要素和场景服务区分开来，并以此为基础提出场景服务的核心要素，其中包括用户及其行为、空间环境、社交氛围、体验、连接性、数据和设备。在 AI 时代，借鉴这些要素构建图书馆阅读推广场景也是未来图书馆 AI 阅读推广研究中的一个重要方向。

AI 阅读是一种通过应用 AI 技术实现的阅读方式，这种方式利用自动语音转换和智能协作等功能，在阅读过程中能够更有效地获取信息。除此之外，AI 阅读还可以通过机器人对大数据的分析，赋予创作以情感，从而实现智能创作。为了让图书馆 AI 阅读能够得到更好的推广，我们需要注重场景设计，让场景能够最大化地发挥出图书馆馆藏内容的优势特点。推广阅读的场景可以是智能阅读平台，它可以帮助用户管理、评估和个性化定制阅读内容。

第五章　互联网环境下的图书馆人力资源管理与人才发展

本章为互联网环境下的图书馆人力资源管理与人才发展，主要围绕图书馆人力资源管理内涵、互联网环境下图书馆馆员能力要求与提升、互联网环境下图书馆新型服务人才——网络管理员以及互联网环境下图书馆馆员信息素养发展四个方面进行了详细阐述。

第一节　图书馆人力资源管理内涵

一、图书馆人力资源管理的概念

图书馆人力资源管理，就是运用人力资源管理的基本理论和行之有效的工作方法，不断开发图书馆馆员的潜能，实现图书馆馆员的全面发展。图书馆人力资源管理包括以下十项内容：制订人力资源计划；人力资源成本会计体系；岗位分析和工作设计；人力资源的招聘与选拔；雇佣管理与劳资关系；入职教育、培训和发展；工作绩效考核；帮助员工制订职业生涯规划；员工工资报酬与福利保障设计；保管员工档案。

二、图书馆人力资源管理的原则

（一）以需要和能力为标准

现实中，如果将不适合的人错放在了不合适的岗位上，且不说这个人是否缺乏一定的能力和水平，只是由于其所用非其所学，能力、兴趣爱好、气质性格等并不符合该岗位要求，那么无论组织的人力资源管理制度多么健全，激励机制多么灵活完善，岗位的错位也会让这样的员工体现不出自身的才华与能力，难以做出大的贡献。管理中“大马拉小车”“小马拉大车”的现象就是大材小用和小材大用的问题。

图书馆人力资源管理应通过加大对馆员的培训、人岗的合理配置和管理，使图书馆的“人”与“事”交互作用与发展，使馆员在职业上得到发展，同时为图书馆事业发展做出更大贡献。为了实现这一目标，图书馆必须将最合适的人放在最能发挥其作用的职位上，实现人与事相宜，努力调动馆员的工作积极性。

由于变化的必然性，人和图书馆都是在不断变化发展的。一是人的方面。在人的状态发生改变时，人的能力、需求在不同的时间段会有不同的变化。比如，随着时间的推移，有的人才能增强了，有的人能力日渐衰退了，有的人知识能力进入恒定状态，有的人突出的优势才能转移了。总之，“人”在一个时间段之内与“事”的关系是相互适应的，过了一段时间又可能不再相适应，不断地发展和变化着。二是图书馆方面。图书馆内部各岗位的工作职责要求也会随着内外部环境的变化而有所变化，要求也会不断地提高。原本匹配的人和事，会因为图书馆事业的快速发展变化而变得不再相匹配。因此，图书馆的人与职位不是静止不变的，不可能永远匹配相宜。图书馆的人力资源管理者只有始终坚持人与事相匹配的原则，实现动态管理，不断进行合理的调整，取消岗位终身制，实现人才的动态平衡流动，才能构成一个和谐的图书馆有机整体。

（二）刚柔相济

通常情况下，人力资源管理不仅需要凭借规章制度的监督和约束进行刚性的条条框框的制度控制，也需要依靠参与、授权、激励和诱导等方式进行人性化的柔性管理，充分尊重员工，进而实现员工的自我管理。

柔性管理是一条无形的线，不仅贯穿于人力资源管理思想之中，而且需要通过人力资源管理的实践加以体现。两种管理控制手段相辅相成、相得益彰。

（三）公平

在图书馆人力资源管理中，要充分体现公平原则，图书馆的管理者需要从以下几个方面着手。

其一，图书馆所有的管理制度要有明确一致的原则作指导，有可操作性强、清楚明确、统一的规范作依据，做到管理工作有据可依、有章可循。

其二，图书馆管理者要为馆员创造机会均等、公平竞争的环境，引导馆员把注意力由结果的均等转移到机会的均等上。

其三，图书馆内部人力资源管理要做到管理事务的公开和透明。

其四，图书馆的管理者要及时和耐心细致地体察馆员的心理状态变化，并随时加以认真分析，做好疏通引导工作。

（四）员工参与管理

员工参与管理可以有效地激发员工的价值感和责任感，继而将组织的目标转化成自己的个人目标，让员工感觉对组织有利的也是对他们自己有利的，从而调动员工的工作积极性、创造性。

员工参与管理，员工心中会形成与组织相同的愿景。共同愿景能改变员工与组织之间的关系，员工会产生一种归属感，意识到他们个人的利益和组织的利益是一致的，组织变得不再是“他们的组织”，而成为“我们的组织”。当组织遇到危机时，员工会积极主动地帮助组织解决难题，献计献策，渡过难关。同样，当组织处在平稳发展时期，员工也会拥有与组织荣辱与共的意识。

员工参与管理，可以通过多种途径，最主要的形式有分享决策权、代表参与、质量控制小组（Quality Control Cirele，QCC）等。员工实实在在地参与管理，不再是盲目被动地为执行组织决策而工作，而是清楚明了、积极主动地投身于工作之中，工作绩效也随之提高。

为了高效利用图书馆的人力资源，充分调动图书馆人力资源的积极性，应当积极培养和争取馆员的参与，工作中认真地听取馆员的意见和建议，并对献计献策的馆员进行适时适当的奖励。当馆员在参与图书馆的管理过程中感受到了被尊重、受重视时，馆员的主观能动性、工作积极性就能得到最大限度地提高，从而实现图书馆与馆员之间荣辱与共、共同进步、共同发展。

（五）激励

激励是人力资源管理的重要手段之一，是心理学的一个名词术语。心理学研究表明，人类的行为基本遵循这样一个规律——需要—动机—行为—目标，之后再产生新的需要。人的行为受其动机支配，而人的动机是由人的需要引发的。即需要产生动机，动机驱使着人们找寻目标。将激励这个心理学的概念运用于图书馆人力资源管理中，是为了激发图书馆馆员的工作动机，即通常所说的调动图书馆馆员的积极性。利用各种有效的手段调动馆员的积极性、创造性，激发馆员的内在动力，充分发挥馆员的主观能动性，使馆员努力去完成图书馆分配的任务，从而实现高校图书馆的目标。

激励的出发点是满足人的多层次和多元化的需要，图书馆在制定和实施激励政策时，要适时了解掌握馆员的需求层次及需求结构的变化状况，采取具有针对性的按需激励措施，以便收到实效。激励是人的主观感受，其成效取决于内因，因此激励要因人而异。

利用工作可以起到激发和调动人的积极性的重要作用。所以，图书馆在激励馆员时，首先应当采用工作激励法，即要考虑把每个馆员放到适合他的岗位上，并积极创造条件定期轮换工作岗位，赋予馆员具有更大挑战性的工作，增强他们对工作的新鲜感，激发他们的工作热情和激情。另外，不同形式的物质奖励、职位晋升、岗位培训、适时调整工作环境及提供其他良好的发展机会等激励方式也可以选择运用。

此外，在图书馆人力资源管理实践中，无论每个馆员的需要处于哪一个层次，也无论每个馆员的其他需求有何种差异，每个馆员都有希望得到别人的尊重和认同的精神需求。精神激励不仅成本较低，而且能达到物质激励难以取得的效果。

图书馆应当充分重视对馆员进行精神方面的激励，可以将精神方面的激励和物质方面的激励相结合使用，这样可以极大地激发馆员的自豪感和成就感，使激励效果倍增。

图书馆对馆员的激励，奖与罚必须分明。激励不能搞成平均主义的分配方法，否则将失去应有的激励作用，绝对平均等于无激励甚至反激励。激励应当与个人的工作实绩真正挂钩，勇于重奖有功者，相应地也要敢于重罚给工作带来重大损失的人。奖励与惩罚并用，并不意味着奖励与惩罚并重。事实上，惩罚手段是不能频繁使用的，要以奖为主、以罚为辅。并且奖励和惩罚必须适度，刺激量的大小要把握好。激励的量大或小，应当以被激励者的工作业绩为参考标准。奖励不适度或惩罚不适度都会对激励效果产生影响，同时增加激励成本。可以说，激励原则运用得好与坏在一定程度上是决定图书馆事业兴衰成败的一个重要因素。

第二节　互联网环境下图书馆馆员能力要求与提升

一、图书馆馆员应具备的能力

（一）掌握现代化技术能力

要想更好地实现图书的数字化转型，图书馆馆员要先掌握计算机技术和网络技术，利用它们对图书进行分类和管理。通过这种方式，图书馆馆员就能够把印刷型文献和资料转变成现代数字化和电子化的信息资源加工对象。通过将机检与手工检索进行有机结合，检索方式得以升级，这一改变有效地提高了工作效率和服务质量。图书馆馆员还应掌握网络技术的相关知识内容，能够利用互联网收集有用信息，并进行彻底的审核、重组和开发。与此同时，熟知各类电子版参考书的操作技巧，能够及时、准确地向读者提供各种信息查询服务。

（二）信息服务工作的超前意识能力

从目前来看，现代社会已经进入了信息时代，信息产业也已经成为一个国家综合实力的重要组成部分，图书馆作为信息产业的一部分，更是信息交流的重要场所。因此，为了使图书馆拥有吸引读者的信息资源，馆员需要具备对知识信息的敏锐洞察力。图书馆馆员应该了解本单位最新的科研发展动态，以及相关领域的前沿学科和交叉学科的发展现状。同时，也要了解读者的潜在需求，以便在网络环境下迅速捕捉到有用的信息，能够做到有针对性地提供信息交流、信息咨询以及信息检索相关服务。

（三）理论性、综合性的分析研究能力

现代科学的进展表现出高度分散和高度综合的趋势，不仅向宏观领域延伸，也向微观领域深入挖掘。随着时间的推移，图书馆学不断地与边缘学科、交叉学科相互融合，因此在该学科领域中存在大量的理论和实际问题亟待研究。这些问题通常是较为综合的，如在图书馆学这一领域中，需要结合社会学、哲学、心理学等其他学科进行深入探究。因此，图书馆工作人员要加强对图书馆理论的研究，将理论知识运用于实践中，进而验证理论的正确性。只有这样，才能开展深入的调研，对调研结果进行综合分析，从而推动图书馆科研工作的进一步发展，使服务质量得到切实提升。

（四）应变能力和创新能力

随着网络的不断进步与发展，大众逐渐不再将图书馆视作主要或唯一的知识信息获取方式。图书馆因此面临一定程度的竞争压力，必须寻求生存和发展的新途径。这就要求馆员超越传统的管理和服务模式，时刻提高自身的能力水平。要想更好地实现从“静态型”向“动态型”的转变，馆员需要具备相应的应变能力并积极进行创新。通过充分发挥自身资源和专业技能，利用网络技术进行深入探索，提炼出文献中蕴含的知识信息，并为读者提供高水平的信息服务。除此之外，为了让图书馆朝着健康的方向发展，馆员还需具备开拓创新的意识和勇往直前的

精神。在政策允许的范围内，推动商品信息化和产业化，既可以产生社会影响，也能带来一部分经济效益，用以填补图书馆经费的不足，从而有助于图书馆更好地实现良性发展。

二、互联网环境下图书馆馆员的角色定位

作为读者服务工作的组织者与管理者，图书馆馆员扮演着连接文献信息资源和读者之间的桥梁这一角色。与此同时，图书馆馆员也是实现文献资源价值的关键人物。随着互联网带来的一些问题以及挑战不断增加，图书馆馆员有必要转变自身的思维模式，重新审视自身的职责和角色，从而更好地帮助读者更方便、更快捷、更平等地获取和应用信息资源，并建立互联网和图书馆之间互相补充和协同的关系，从而使互联网和图书馆的协同发展得到更好的促进。

（一）信息导航员

从现实角度来看，数字资源的数量正处于急速膨胀的阶段，而面对这些海量且质量不一的信息，读者很容易就会迷失方向。因此，为了解决问题，读者会更期待“所需即所获”，即其所获取的信息能够精准地解决他们的需求。而这对馆员所需要具备的信息甄别能力而言，提出了更高的要求。馆员应能够承担起信息导航员的职责，为读者提供正确的数字资源检索方向，通过综合分析多种信息资源，评估知识信息的品质和用途，借助专业知识优化馆藏资源和选择适宜的网络信息资源提供给读者，从而更好地满足读者对信息的需求——信息的多元化、数字化、个性化以及高效化。

（二）数据馆员

在互联网环境下，图书馆馆员需要对大量真实的数据进行专业分析和研究，为改进图书馆服务提供科学准确的参考数据。一方面，通过分析读者的兴趣和行为数据，如使用图书馆的时间段、个人使用偏好等，挖掘出隐藏在读者诉求背后的个性化需求；另一方面，通过技术和平台支撑去分析研究已有数据，从而发现数据背后的规律，及时调整图书馆提供的服务，提高读者的满意度。①

① 邱庆东．大数据环境下的图书馆员角色定位与创新服务研究[J]．图书与情报，2015（6）：119–121．

（三）创客空间服务者

随着互联网的不断进步与发展，图书馆开始通过建设创客空间，以学习、交流和创意为基础，积极融入创新人才的培养体系，激发读者的创新创业意识，从而使图书馆的教育职能和信息服务职能得到充分发挥。从创客空间服务者的角度来看，除了作为信息资源的管理者和提供者，图书馆馆员还需要为创客提供全方位的支持和帮助，具体而言，需要完成以下几项工作。

1. 激发读者的创意思维

除了拥有满足读者需求的信息资源，创客空间还是读者进行思想碰撞的重要场所。而除了为读者提供一定的技术支持以外，图书馆馆员还应策划并组织创新创业讲座和竞赛等深层次的知识服务活动，旨在为创客营造一个富有创新创业实践探究氛围的环境，从而使读者的创意思维得到更好的启迪。

2. 引导读者知识交流

从本质上看，创客空间实际上是创客教育理念的实践场所，读者可以在这里自由交流、学习，探索解决问题的方法。图书馆馆员的职责在于协助读者组成创客团队，并为他们提供多样化的学习资源，指导跨专业合作，从而更好地促进读者之间的知识交流以及协作。

3. 组织创客实践活动

在实践过程中，图书馆馆员可以制订一系列的创客实践计划，以协助整合创新创业信息。与此同时，还可以为创客提供必要的场地、设施设备和技术支持，寻找适合的创客伙伴，并积极寻求校企合作，以促进产业与团队之间的良性互动，从而更好地实现合作共赢的目标。

（四）社交媒体馆员

随着互联网技术的普及，图书馆开始使用QQ、微博、微信等新媒体来推广自己的资源、服务，以此来凸显自身所具备的人性化和个性化特点，从而吸引更多的读者进入图书馆。这种做法衍生出了新技术环境下的社交媒体馆员。

首先，开展图书馆的社交媒体推广和管理工作。这包括但不限于以下方式：图书馆网站或微信公众号上进行资源推送、在社交媒体上嵌入书目搜索引擎，以及开发手机应用程序来建立读者社交网络，从而促进各项图书馆服务的推广。社交媒体的广泛应用大大提高了图书馆的服务效率。同时，馆内读者与图书馆之间的沟通也更加便捷快速，这一切都加深了图书馆的人性化特点，提高了其在读者群体心中的形象。

其次，在维护学术关系方面，建立科研社交网络是必要的。这不仅能够协助科学研究者获得同行的支持以及形成个人学习社交网络，还有助于他们了解学科的最新动态和提升研究的知名度。基于互联网的协同理念，社交媒体馆员可以建立互相交流的图书馆人际网络，从而营造更加和谐的工作氛围，以更好地支持图书馆的转型、进步与发展。

（五）技术馆员

现如今，互联网技术正处于快速发展的阶段，而传统的技术馆员也已转变为图书馆运作中具有重要作用的技术专家，其不再仅仅提供技术辅助、图书馆技术支持等服务，工作范围不断扩大，工作难度也不断提升。

除了提供软硬件技术支持以外，他们还参与在线服务、数字资源服务、馆藏发展、项目管理、数据库管理、培训等服务工作，成为图书馆不可或缺的“万事通”。同时，在互联网不断发展的这一背景下，那些以前对技术了解甚少或者不擅长技术的馆员同样也需要掌握一部分新兴技术，以便更好地引导读者使用图书馆 App 或其他的新设备，甚至进行相关的技术培训工作。而这就使得一些普通馆员必须与技术馆员进行更为紧密的合作，否则其将无法更好地适应新技术环境下的工作内容。

三、互联网环境下图书馆馆员能力提升策略

（一）将馆员能力建设当作重要战略目标

图书馆需要明确馆员能力提升的相关方面，包括方向、任务、框架以及目标，制订科学详细的计划。与此同时，要合理地引进人才和培养人才，更好地优化员工的知识结构。为了实现图书馆的发展目标，应该建立行之有效的人才选拔机制。这一机制需要明确人才引进和培养的目标，并获得相关的经费支持，以保障图书馆的发展需求能够得到充分满足。从现实角度来看，为了充分发挥每个馆员的能力和价值，图书馆需要根据各个岗位的要求，结合馆员的实际情况和图书馆的发展情况，制订行之有效的人力资源配置方案。为了适应新的竞争环境，需要多样化培训方式，促进馆员的能力提升和加强人才储备，缓解人才短缺问题，发挥组织的适应能力，切实促进不同部门之间的团结协作与有效沟通。

（二）引入人才竞争机制

图书馆需要制定科学合理的人员聘用、人员选拔以及人员考核方面的管理规

定，并结合馆内的相关发展规划和员工自身的职业规划，对岗位结构进行全面调整。在实践过程中，引入竞争机制，明确每个职位的工作职责、工作任务以及职业发展目标，针对不同职位制定不同的考核标准，通过竞争上岗的方式对馆员进行激励，激发其自我学习的动力，提升其主动性、积极性，从而达到最佳工作成效，使图书馆在社会上的竞争力得到切实增强。

（三）注重馆员知识能力培训

为了提升馆员的专业能力和技术水平，图书馆可以采取不同的方法，如在职培训、学历进修、馆际交流以及参加学术活动等。这些方法可以更好地帮助馆员了解自身所在领域的最新动态，并掌握先进的行业知识和科学技术。在实践过程中，为了实现更好的效果，可以分批安排馆员并选派人员参加不同机构的学术研讨会和讲座。除了教授岗位的专业知识和专业技能，培训还应当包括人文管理和沟通营销技巧等方面的内容。这样一来，面对一些突发的状况，图书馆馆员也能够进行妥善处理，从而有利于构建更为良好的馆读关系，进而使图书馆的整体服务水平得到切实提升。

（四）搭建馆员学习交流平台

通过对网络技术进行合理的利用，图书馆能够为员工创建一个拥有丰富内容、具备完善功能的学习交流平台。在应用过程中，可以将相关的在线课程、技术论坛或培训计划链接到这一平台，从而更好地鼓励员工进行自我学习以及持续提高自身的专业能力和素养。除此之外，还可以通过创建一个在线模拟考试系统，其中囊括图书馆馆员所需要掌握的各项业务技能、学科知识、营销技巧等考核内容，使用随机抽题的方式进行测验，以此促进馆员在自主学习方面的进步发展。在实际工作过程中，图书馆馆员可能会遇到各种各样的疑难问题，包括如何有效地使用数据库和设备、如何给读者解答疑问以及如何化解读者的负面情绪等。当馆员遇到这些问题时，他们可以随时在平台上进行交流、讨论，这既能够切实有效地促进工作的顺利进行，同时有助于使整个团队的凝聚力和积极性得到切实增强。

（五）实施多重激励政策

从实际的情况来看，图书馆在推行激励政策时，应该采用多种方式来激励馆员，这些方式可以单独使用，也可以同时进行使用。其中，精神激励包括领导的口头赞扬、服务标兵或岗位之星的表彰等；而物质激励则包括考核奖励、科研奖励、外出培训、职务晋升等。通过巧妙地运用这些激励措施，能够从情感层面更好地激发馆员的积极性，进而促使他们不断提升自身的素质水平。

随着互联网技术的日益普及与进步发展，图书馆馆员面临着多种挑战和艰巨的任务。因此，图书馆馆员必须在新的时代背景下重新定义自己的角色，并提升自身的技能水平、能力素养等。为了使图书馆事业健康发展，图书馆馆员应该顺应时代潮流，积极调整自己的思维方式，主动学习新知识和新技术，提升自己的专业水平和服务素养，从而使自身成为具有先进思想、高水平、高素质的能力型馆员，从而为图书馆未来的进步与发展切实提供相应的智力支持。

第三节　互联网环境下图书馆新型服务人才——网络管理员

随着信息技术的高速发展，互联网已经成为一股不可阻挡的力量，信息资源的全世界交流与共享，也正在从不可能变为可能。现如今，任何人都可以通过计算机网络快捷、便利地查阅世界各地的数据、图表、文献等多种信息内容。这种包涵图书馆部分功能的信息服务，能够很好地满足人们对信息的需求。为了跟上信息社会的步伐，图书馆已经开始向数字图书馆转型，在这一过程中，新的服务职位——网络管理员应运而生。

一、网络管理员应当具备的技能

随着信息社会的不断进步，传统的图书馆馆员已经逐渐无法满足读者的实际需求。网络管理员可以看作对新知识、新技术，尤其是网络技术进行吸收和延伸后的图书馆馆员。从目前来看，在互联网技术飞速进步下，除了需要掌握传统图书馆学知识以外，现代图书馆馆员还应当要具备以下几项能力。

（一）计算机、数据库、网络方面的知识

这方面涉及的内容有网络知识储备、各类网络检索工具的熟练运用、几种常用专题联机和光盘数据库的检索语言和结构，对图书馆联机目录查询进行修改，能够利用远程登录查找其他图书馆的目录，了解多种操作系统，熟悉各种图书馆服务软件的操作，具备解决不同操作系统之间兼容性问题的能力，还要能够利用HTML语言编写图书馆网页。除此之外，在网络上，大部分信息都是用英文书写

的。因此，对网络管理员来说，英语阅读、翻译和分析等方面的综合能力也是其所要具备的。

（二）专门的学科知识和知识评价能力

由于信息客体基础设施的迅速发展，人们在信息资源的创建、供应、管理和使用方面缺乏相应的信息素养，因此导致信息污染的不断增强。随之而来的是大量信息涌入网络，使得网络信息变得异常丰富。而这种丰富程度又导致网络信息陷入半无序的“无政府”状态，进一步加剧了信息的查询和检索难度，从而极大地降低了信息利用的效率。于此，这意味着网络管理员需要同时拥有专业知识和信息检索技能，并且能够对知识进行辨别、分析以及评价。

（三）存档技术

未来的研究成果和学术作品将通过网络技术以电子形式出版，因此出版商和图书馆将成为合作伙伴。此外，网络管理员也将为用户提供设施开发服务，以便为其提供电子刊物。

综上所述，在现如今我们所生活的网络时代，图书馆需要拥有一支优秀的人才队伍。这支人才队伍的成员不仅需要具备敏锐的现代信息意识，还需要掌握多媒体技术、通信网络技术，与此同时，还需要拥有对信息系统进行加工处理的能力以及信息组织能力。

二、网络管理员的工作

作为图书馆的“电子导航员”，网络管理员需要建立自己的工作站，收集、整理、分析并及时传递网络信息资源，以便为读者和图书馆之间搭建起一座可靠的桥梁。因此，作为图书馆的新型服务人员，网络管理员需要承担以下几项职责。

（一）建立图书馆主页

现如今，建立电子图书馆已成为图书馆发展的趋势，它的信息存储方式以电子形式呈现，并以网络传输作为主要手段。因此，网络管理员必须具备相关的专业知识，包括计算机、数据库以及网络等方面的知识。在这其中，在网络上建立图书馆自己的网页是网络管理员最重要的工作内容。

读者对主页的利用频率与主页设计的质量是息息相关的。一个出色的主页设计需要将图形、图像、动画软件的特点与通信要素进行有机结合。

1. 结构有序

在还未开始对主页进行设计时，应该先充分了解整个网页的内容和排列顺序，并确定重要的信息源，使用逻辑结构有序地组织关键信息点，从而让每层信息都能够合理地进行链接，使其保持有序的结构。通常情况下，在设计主页链接信息层时，最好不要超过五个层次。这是因为过多的链接会给读者带来不便，致使其难以对信息进行浏览阅读。在每个网站的主页上，必须包含一个页头，即应当包括准确的网站标识和 E-mail 地址，以便接收访问者的询问，并提供相关信息，如联系电话、邮件地址以及版权信息等。

2. 简洁直观

为了吸引更多网友的注意，主页的设计需要充分利用多媒体技术，如运用图表、数字、影像和声音等元素，而不是简单地将信息呈现在链接层级深处。同时，需要注意的是，不要让页面显得乏味、单调。

3. 保持显示速度

为了能够达到最佳效果，建议使用 256 色调色板来导入图片，并且要注意每幅图像文件的大小不要超过 24K，可选用 .gif 或 .jpg 格式进行存储。需要注意的是，动画文件的导入量不应超过 200K，应当以标准的 GIF89a 格式进行保存。与此同时，还需考虑到用户在 Windows 操作系统下的屏幕分辨率。

4. 经常更新

从现实角度来看，网络时代的变化是十分快速的。因此，如果一个网站的主页界面和内容在一段时间内没有变化，用户就会失去再次访问的动力。基于此，为了让主页能够更好地保持活力，可以在页面顶部添加一个活动区域，用来展示访问人数、访问日期、公告、小动画和最新消息等内容。同时，还可以定期改变主页设计风格，让页面焕然一新，从而更好地提升用户的访问兴趣。

另外，对于本馆网页内的数据库建设方向，网络管理员应提供相关的参考依据，以促进图书馆网站数据库的开发和管理。从目前来看，我国数据库的建设尚处于起步阶段，缺乏统一的规划，重复率很高。因此，网络管理员应当充分了解电子资源，开发功能和实用性强、能吸引大量用户的数据库，避免开发实用性低、重复率高的数据库。与此同时，对于数据库的开发与建设，网络管理员应当予以积极参与、指导，并能够及时将其上网。

（二）网上信息资源的检索和查询

图书馆是一个致力于为公众创造和维护信息资源的公共组织。其在对信息资源进行收集、加工、创建、开发以及维护等方面发挥着至关重要的作用。传统的图书馆信息服务是相对较为被动的，即帮助用户查找馆藏信息。但在当今的网络背景下，图书馆已不再是获取信息的唯一来源。因此，在信息环境中，图书馆更像是一个服务的提供者。从现实角度来看，图书馆必须强化其作为电子信息资源顾问的职能，而网络管理员这一岗位的出现能够有效地解决这一问题。

除此之外，互联网的发展使用户可以获得更加多元、全面和最新的信息内容。只要有一台连网的电脑，用户就可以获取各个领域的最新信息，而且有些信息系统的界面是非常友好的。所有这一切给用户的印象是，互联网上的信息资源有了很好的控制和组织，用户无须借助图书馆馆员和信息专家的帮助，就能够获取自身所需的信息。但是，实际情况是，互联网上的信息量非常大，杂乱无章，而且由于到处都可以免费获取信息，用户必须花费大量的时间和精力才能找到其真正需要的信息内容。而网络管理员善于对主题进行分类和索引，因此他们可以对网络信息进行相关的分类和索引，过滤掉不必要的信息，这样用户就能更加快速且有效地找到自身所需要的信息。

（三）网络用户的教育

我国航天工程科学家钱学森曾说："现代的图书馆、档案馆、情报单位的人员，应该是信息专家和信息工程师，是信息系统的建设者，也是使用的向导和顾问。"[①]为了保证网络的实际运行是快速、高效以及有秩序的，需要对网络的使用者进行网络基本知识与信息检索技巧的训练。在培养用户网络意识的这一方面，图书馆有着得天独厚的优势。一方面，网络管理员是一些具有丰富实践经验、能够熟练对互联网资源进行处理与检索的专业人才，是培养学员的骨干力量；另一方面，图书馆拥有非常丰富的藏书资源，具备相对完善的查询系统，能够为广大读者提供实践的途径与场所。

网络教育的目标是提高使用者的智能，使其熟练地运用现代网络技术，更好地完善自己的知识结构，提高自己的学习与研究能力。然而，掌握了互联网的知识并不意味着就能使用互联网，这就要求网络管理员引导用户从互联网上获得自己所需要的信息内容，并且引导用户对这些信息进行加工、整理、分析研究，最后把它们转化为科学研究结果。所以，在教育用户的过程中，除了要介绍一些关于网络的基础知识和不同的搜索工具的使用方法之外，还应该引入一些关于情报

① 李梅军．图书馆工作的人文精神及实践[M]．北京：北京燕山出版社，2012．

使用的知识，加强用户的观察、分析、综合思维、获得信息与沟通的能力，这样才能让用户更好地利用互联网上的各种信息。

（四）网络的管理

网络管理工作的质量对提高工作效率和安全性具有重要意义，它是网络管理员的另一项重要工作。如果电脑发生了屏幕不亮、无法联网、死机等故障，不仅会浪费用户的时间，而且会影响到客户的正常工作，不仅不能达到用户的要求，而且会让用户感到不满意和失望。所以，身为网络管理员，一定要做到防患于未然，确保每个人都可以正常地使用网络，应当及时对电脑的硬件进行测试，对网络的流量分布进行定期分析，防止发生网络拥堵，这也是在为以后的设备更新奠定基础。另外，也需要对系统的性能进行不断优化，对服务器的工作状态、系统的资源要求等进行相应的研究分析等。

第四节　互联网环境下图书馆馆员信息素养发展

一、图书馆馆员信息素养存在的问题

（一）获取、利用信息的能力参差不齐

从现实的角度来看，部分图书馆工作人员在阅读的过程中，有时会出现参考文献的识别、筛选和利用等方面的问题。与此同时，部分图书馆馆员对于电脑基本知识的掌握不够，因而无法广泛全面且快速精准地检索到所需的各类有用资料信息。

（二）在信息道德修养等方面有待提高

部分图书馆馆员在信息安全方面的意识还需进一步提升，如对个人隐私的尊重、保护；知识产权方面的维护；对不良信息的抵制等。

除此之外，部分图书馆馆员还出现了一些缺乏责任心的表现，如为了完成某一项材料的收集工作而敷衍了事，这很可能会发生漏检的情况。

上述情况反映出了图书馆馆员在信息道德修养水平等方面还有待提升。

（三）信息意识尚需培养

另外，一些图书馆馆员缺少从更宏观、更精准的视角对信息进行甄别的能力，

在信息的整合和分析方面存在一定程度的不足。一些图书馆馆员无法站在自己的专业立场去关注学科的最新发展趋势和研究动向，因而也无法更好地为读者提供其真正需要的信息内容。

二、图书馆馆员信息素养的培养途径

（一）树立良好的职业道德

图书馆馆员肩负着传播知识、服务于人的使命，因此，其首要条件就是具备科学的世界观、人生观、价值观以及高尚的职业道德。

在日常的工作实践中，图书馆馆员要以“服务读者”为宗旨，要做到用满腔的热忱为读者服务，以科学的理论武装自己，热爱工作，甘于奉献。

与此同时，在运用信息技术的过程中，应当遵守一定的道德规则和信息伦理，还要尊重其他的智慧财产，对自己的行为进行约束，对非法的信息进行抵制，对信息技术进行合理利用。

图书馆作为文献信息中心，是为教学和科研服务的学术性机构。而图书馆馆员的职业道德水准则是其意志、信念、理想的具体体现。

（二）树立终身学习的理念

在当今的信息时代，倘若一个人只会接受很多信息，却不懂得如何检索和应用信息，那么其生活与工作都会受限。因此，只有懂得如何检索与运用信息，才能让自己更好地成长为社会所需的人才。

从学习的层面来看，终身学习的实质就是培养学生的信息素质。而信息素质作为一种高层次的认知能力，与批评性思维和问题解决能力共同构成人类创造和学习的基本要素。

从现实的角度来看，科技正处在飞速发展的过程中，知识更新的时间越来越短，各学科之间的相互渗透也越来越多，这就需要图书馆馆员不断地学习，不断地更新自己的知识与技能。而除了获得新的技能和知识之外，还需要更多地关注对分析能力、运用能力、组织能力和创新能力的培养。

（三）培养创新意识

图书馆工作人员可以借助互联网等，学习其他图书馆先进的服务思想和方法，在工作中勇于探索，努力使自己成为适应时代发展的创新型图书馆馆员。

在平时的工作中，图书馆工作人员要勤思细想，耐心地倾听读者对服务的需求，从读者身上发现自身的不足之处，从而提高自己。图书馆工作人员应当持续学习新知识，接受新的理念和新的事物，并对一些新出现的问题进行相关研究，并且能够对读者的需要做出积极的反馈以及相应的调整。

从现实的角度来看，图书馆工作人员既要有开拓创新的精神，也要有创造性地开发与利用信息资源的能力，能够做到在工作中勇于尝试、大胆探索，只有这样才能成为一名合格的创新型图书馆馆员。

第六章　互联网环境下的图书馆创新管理与发展趋势

本章为互联网环境下的图书馆创新管理与发展趋势，围绕四个方面进行了详细的介绍，分别为图书馆管理的原理、职能与范畴，互联网对图书馆管理的影响，互联网环境下图书馆管理创新的路径以及互联网环境下我国图书馆的发展趋势。

第一节　图书馆管理的原理、职能与范畴

图书馆管理人员要想充分发挥自己的职能，必须在管理过程中遵循一定的原理，并明确自身的管理范畴。图书馆管理人员对图书馆的图书和信息资源、人力资源、财务资源和物质资源等进行一定的计划、决策、组织、指导、控制、协调等，就是图书馆管理。

一、图书馆管理的原理

（一）系统原理

无论从微观到宏观，还是从自然界到人类社会，世界都是以系统的形式存在的。系统就是人们对有联系的客观事物的一种总体描述，指的是由若干个相互联系、相互依存、相互作用的要素组成的具有特定功能的有机整体。系统包括不同层级、各司其职的子系统，而且各个子系统有机联系在一起，促进整体系统功能的有效发挥。

系统原理既要求图书馆管理者形成系统的思想，注意对各部门的权责进行合理分配，并积极协调不同部门之间的关系，以推动图书馆的正常运转；也要求图书馆管理者对图书馆系统的内容有明确的认识（见图 6-1-1）。

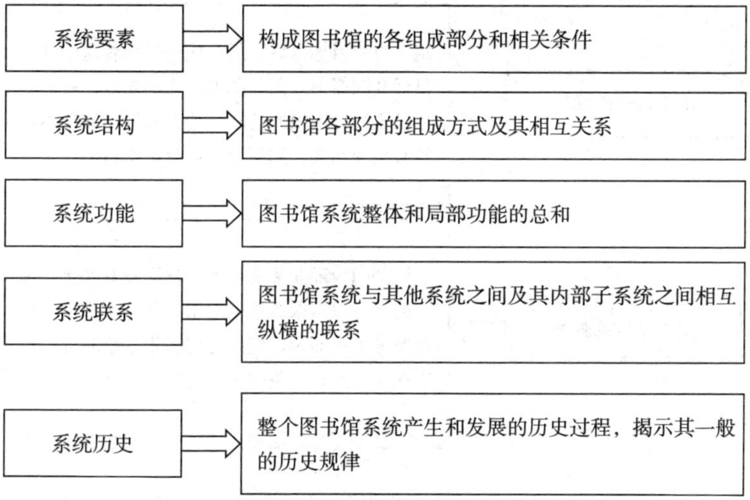

图 6-1-1　图书馆系统的内容

（二）人本原理

管理的人本原理指的是所有管理工作都应当以调动人的积极性、做好人的工作为根本。现代管理活动成功的关键在于充分发挥人的积极性和创造性。

人本原理要求图书馆在开展管理活动时坚持以人为本的思想，充分考虑图书馆工作者的因素，切实确立图书馆工作者在管理过程中的中心地位，最大限度地满足他们的需求，体现他们的价值。

（三）弹性原理

弹性原理指的是管理应当保持充分的伸缩性和调适性，从而能够更加敏捷、有效地与管理过程中可能产生的多种变化相适应，实行动态管理。在一个组织内部，弹性原理主要体现为组织目标、组织结构和人力资源的弹性，即及时依据发展的实际情况对组织的目标、组织的部门以及组织的工作人员进行调整。

在图书馆管理工作中，弹性原理主要表现在组织目标、组织结构和人力资源的弹性三个方面（见图 6-1-2）。此外，弹性原理要求图书馆在开展日常的管理工作时保持充分的弹性，以便依据图书馆的发展以及管理工作的实际情况等及时对管理的内容、方式、手段等进行有效的调整，以确保管理工作收到实效。

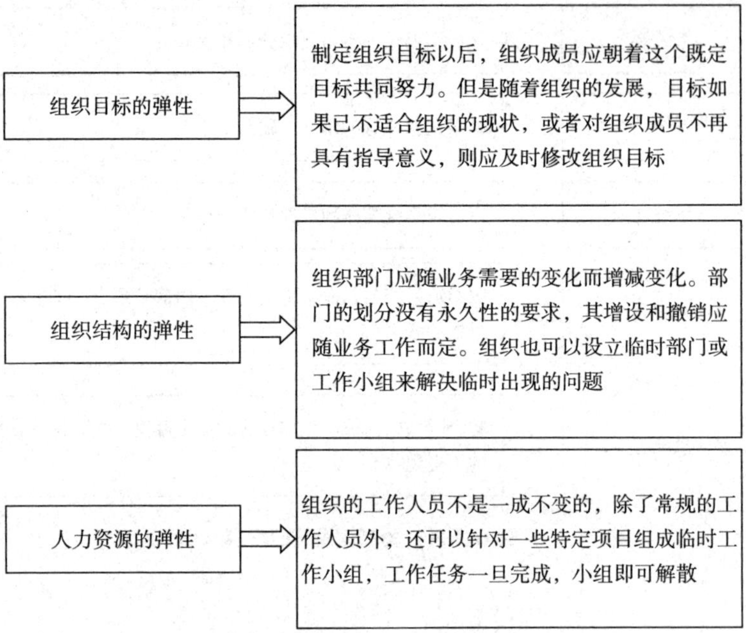

图 6-1-2　图书馆管理工作中弹性原理的表现

（四）适度制约原理

所谓制约，就是通过采用组织方法、法律手段和经济措施来保障管理工作按照已制定的目标顺利进行。这里所说的制约，有人为制约（权力制约、奖惩制约等）与自然制约（经济规律制约等）之分，而且必须是适度的制约，否则整个系统的各个部分将无法保持平衡，系统也无法顺利运行。

在现代图书馆管理过程中，如果能正确运用适度制约原理，既能有效激发图书馆工作者的工作积极性，又能促进图书馆的正常运行。

（五）反馈原理

从实质上说，管理就是一种控制系统，所以必然存在着反馈问题。所谓反馈，就是控制系统既要输送出去信息，又要把信息的作用结果返送回来，以便根据返送回来的结果对下次输入的信息进行调整，继而有效实现预期的目标。

在当前的互联网环境下，根据反馈原理，图书馆在开展管理工作时必须建立一个有效的信息反馈系统，并要建立以电子技术为主要手段的信息反馈系统。此外，根据反馈原理，图书馆在开展管理工作时需要遵循一定的要求（见图 6-1-3）。

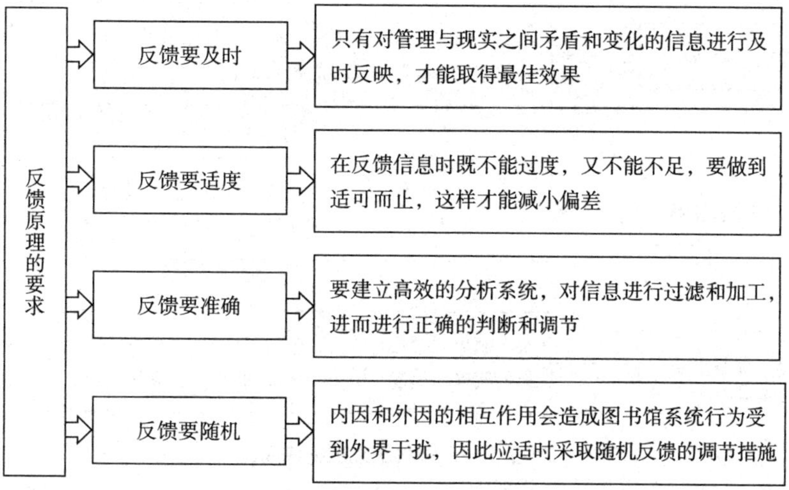

图 6-1-3　反馈原理下图书馆管理工作的要求

（六）动力激励原理

在开展管理工作时，为了取得良好的成效，必须注重从满足员工的物质和精神两方面的需要着手，对员工的工作动力进行激发。这就是动力激励原理。

就现代图书馆而言，图书馆工作者在个性、需求、期望、目标等方面都有一定的差异，因此要有效激发每个图书馆工作者的工作积极性，就要切实以每个图书馆工作者的特点为依据，采取有针对性的激励方法，使其积极地参与到工作中。

二、图书馆管理的职能

图书馆管理的职能包括图书馆的业务管理、政务管理和职工生活管理。具体来看，图书馆管理的职能主要有以下几个。

（一）领导职能

领导职能是一种活动过程，涉及领导者、被领导者和领导环境等因素（见图6-1-4）。要促进图书馆管理的领导职能得到充分的发挥，需要注重领导者的合理选拔以及领导层结构的合理构建。

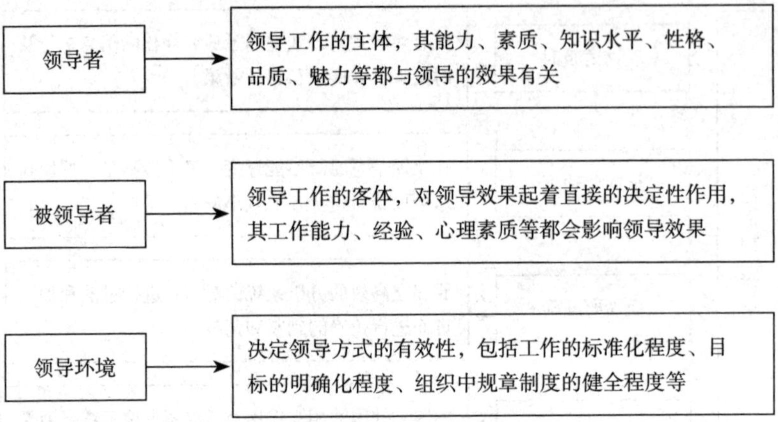

图 6-1-4　领导职能的构成因素

（二）计划职能

计划是管理过程中一个十分重要的因素，依据其表现形式及所起作用的不同，可以划分为多个层次（见图 6-1-5）。

图书馆管理的计划职能就是图书馆管理部门在对自身的实际发展情况、未来发展趋势、当前及未来可能面临的发展环境等进行全面考量的基础上，制定未来管理活动的目标、实施方法、实施步骤等，以确保图书馆的各项工作在未来能够顺利开展。这对于杜绝管理工作的随意性具有重要作用。

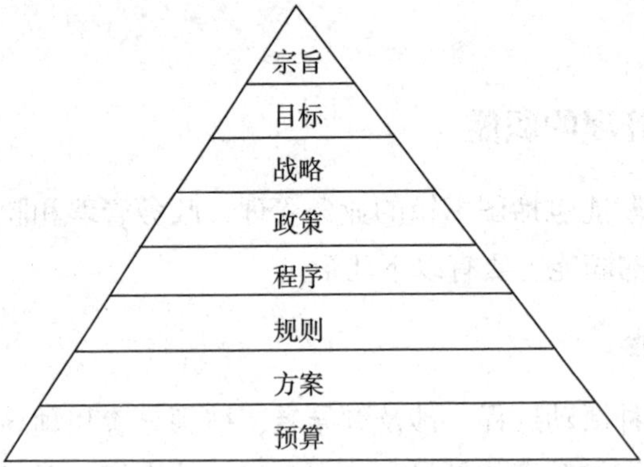

图 6-1-5　计划的层次划分

（三）决策职能

决策是行动的先导，因此决策职能是图书馆管理的一项重要职能。图书馆系统的决策主要包括图书馆发展方针、政策战略方面的决策；各项业务工作的决策；人事方面的决策；财务、设备方面的决策等。

在图书馆管理过程中，为了确保其决策职能得到最大限度和最有效的发挥，要特别注重管理决策的科学性、民主性和公开性。

（四）组织职能

管理职能的发挥、管理目标的实现、管理计划的完成等，都需要以健全的组织机构为前提。因此，图书馆在发展过程中必须重视组织机构的合理构建。只有这样，图书馆管理过程中制定的各项决策才能得到有效落实。

（五）控制职能

督促工作按照制订好的方向、计划等顺利开展，这就是控制。其重视对现有工作成果的评定，对于认识、判断工作发展趋势以及有效改进工作具有重要的支持作用。因此，图书馆在开展管理工作的过程中，要重视控制职能的发挥。此外，图书馆管理的控制职能应贯穿行政管理的各个方面和全过程。

（六）协调职能

图书馆管理是专业化协作的管理，没有协调就想达到共同目标是不可能的。因此，协调职能也是图书馆管理的一个重要职能。

在图书馆的管理中，其协调职能包括组织和改善图书馆行政部门、业务部门以及全体员工之间的工作关系，使他们在分工原则的基础上相互支持、密切配合、逐步协作，从而使图书馆的目标能够获得更好的实现。

三、图书馆管理的范畴

图书馆管理的范畴，主要涉及以下几个方面。

（一）图书馆的管理主体与客体

图书馆的管理主体即具有一定管理能力、拥有相应的权威和责任、从事现实管理活动的图书馆工作者，如馆长、副馆长、各部门主任等。图书馆的管理客体是指在图书馆管理活动中接受管理主体的协调和组织，以人为中心的客观对象，如一般的图书馆馆员、图书馆的物质和信息资源等。

图书馆的管理主体与管理客体有机组合，才能促进图书馆的正常运转。此外，图书馆的管理主体与管理客体并不是固定不变的，在某些情况下可以发生转变，如图书馆馆长也可能是图书馆的用户等。

（二）图书馆的管理硬件与软件

图书馆的管理活动涉及管理硬件（具有一定的感性存在形式和稳定性、被动性的物质性载体）和管理软件（具有变动性、创造性、主动性，能使物质性载体按一定方式组合起来并产生现实活动的精神性因素）两类因素。

在图书馆管理活动中，硬件和软件相互依存、相互促进、共同作用。此外，图书馆管理的硬件与软件之间的划分是相对而言的，只有在具体的管理活动中才能对二者进行明确划分。就图书馆管理系统来说，其硬件是图书馆馆舍、图书馆拥有的文献资源等，而软件是与人相关的精神因素，如图书馆工作者的态度、业务水平等。

（三）图书馆管理的有序与无序

在管理中，有序与无序的划分主要是看管理系统的各要素之间的相互联系、相互作用和相互转化是否有规则、有秩序等。在图书馆管理中，有序和无序既标志着管理组织的协调程度，也标志着管理活动的程序化程度。前者是空间结构规则性和秩序性的反映，后者是时间结构规则性和秩序性的反映。可以说，有序和无序是图书馆系统在时空结构中的规则性和秩序性程度的综合反映。

（四）图书馆管理的集权与分权

集权既指管理活动中的集中统一指挥，又指权力向上层逐步收缩的过程。分权就是分散权力，即上级部门将某些问题的决策权移交给下级部门。

在图书馆管理活动中，集权与分权是辩证统一的，这主要表现为以下两个方面。

第一，在图书馆管理活动中，集权和分权各有利弊，因此必须把握好集权和分权的度，让二者互相补充。

第二，在图书馆管理活动中，集权与分权在一定条件下互相转化。这种转化一般有两种形式：一种是被动的转化，即在过度集权或过度分权的管理阻碍图书馆各项业务活动发展的情况下，由过度集权向分权或由过度分权向集权转化；另一种是主动的转化，即在问题出现之前就注意调整集权和分权的关系，在动态中把握二者变化的度，及时消除偶然出现的过度集权或过度分权现象。

（五）图书馆管理的利益与责任

人的需要能否被满足以及得到满足的程度是以其获得的利益为主要标志的。人的需要有类型、层次的差异，利益也有各种各样的形式。而责任是一种对自己采取的行为以及行为的社会意义的自觉意识和实践。

在图书馆管理中，利益与责任是一对矛盾统一体。二者在方向上相互分离，有时甚至呈现相互排斥的倾向。但是，二者也是相互包含的，任何利益中都包含着责任成分，没有责任的利益是不存在的；任何责任中也都包含着利益，责任中如果不包含一定的利益，所谓履行责任就没有了动力和基础。因此，图书馆在开展管理活动时，不应该掩盖责任中存在利益的问题，而应该使馆内各组织和全体馆员认识到这一点，这有利于调动他们对工作的积极性。

（六）图书馆管理的稳定与改革

图书馆管理的一切要素、一切过程都具有稳定性，否则图书馆管理活动就无法正常进行，也无法对管理要素和过程进行研究。但是，图书馆管理活动的相对静止和相对稳定是有条件的、暂时的。也就是说，图书馆管理活动需要依据图书馆发展的实际进行一定的改革。

图书馆管理中的稳定和改革是辩证统一的。首先，在图书馆管理模式的全面质变发生之前，图书馆管理活动虽然处于相对稳定状态，但局部的改革总是经常不断的。而且改革是一个持续稳定的过程，改革中推行的政策、组织体制、管理方法等需要一定的稳定度，以便观察、评价和控制，并在改革过程中巩固成果。此外图书馆管理活动中的稳定和改革具有相互转化的趋势，即“稳定—改革—稳定”是图书馆管理体制发展的实际过程。

第二节　互联网对图书馆管理的影响

从目前来看，网络对图书馆产生了巨大的影响，不但使图书馆的工作方式发生了巨大的变革，也在一定程度上改变了图书馆的服务模式。更重要的是，其更新了人们对图书馆的认知。

从根本上说，图书馆管理是一种管理制度。图书馆管理工作是图书馆建设与发展的重中之重，其管理工作的好坏不但关系到图书馆的各种职能能否正常运作，更关系到其在读者心中以及社会中的地位。图书馆的管理分为微观与宏观两个层面，微观上的管理主要是针对个别的图书馆，而宏观上的管理则是对整个社会的图书馆系统进行管理。图书馆馆员、文献情报、建筑、设备、资金和技术手段是图书馆管理的主要内容。

如果说管理就是管理主体对各种要素（人，财，物，信息等）进行有效的组织和运用，并在相应的管理手段的帮助下完成该组织目标的过程，那么图书馆管理就是一种有效地实现图书馆目标的活动，即图书馆的管理者通过规划和决策、组织、领导、控制、协调等一系列的流程，使图书馆的目标能够有效达成。

一、在管理对象上，由书向读者需求转移

随着互联网的发展和移动终端设备的广泛应用，越来越多的人更加青睐在移动终端阅读和获取所需的文献信息资源。其一，移动阅读技术正在飞速发展，移动阅读体验不断提升，阅读体验的内容也越来越丰富，不仅有文字、图片、音频、视频，还可以在同一个平台上进行交流和对话。其二，现代生活的快节奏打乱了传统阅读的时间，移动阅读不仅方便，还利用了传统阅读无法覆盖的碎片化时间。因此，很多人开始热衷于在移动终端阅读和获取自身所需的文献信息资源。

从实际情况来看，虽然一些展览、讲座、信息服务等图书馆活动极大地丰富了图书馆的内涵，但并没有从根本上改变图书馆以书为核心的性质。不管是从文献服务上看，还是在部门的设置方面，图书馆的功能布局和工作流程依然是以书为主体的。传统的图书馆资源主要以纸张为基础，图书馆的所有活动，无论是书目研究、编目、分类、保存还是借阅服务，都是围绕纸张和书籍展开的，都是以纸张和书籍作为载体进行的。

综上所述，互联网在拓展读者获取文献信息渠道方面发挥了很大作用。与此同时，读者阅读时间的碎片化，也对图书馆即时满足读者需要提出了更高的要求。而这些都迫使图书馆在管理对象上必须从文献信息向读者需求转移，这样图书馆才能吸引读者、留住读者，否则图书馆将与读者渐行渐远。

二、在管理理念上，由重藏轻用向重用轻藏转变

互联网和通信技术的发展使信息的来源迅速增加，读者花在信息来源上的成本也越来越低。特别是在互联网环境下，读者对图书馆和文献资源的来源并不过多关注，其更重视的是如何利用图书馆和文献资源。这些变化导致了图书馆管理

理念的转变，从重藏轻用到重用轻藏。这就要求图书馆更加关注读者的实际需求，更加重视图书馆与读者之间的互动和信息交流。

而要适应这些变化，图书馆既要加强对既有纸质文献的数字化，又要加快电子文献资源的建设，同时更要重视对各种网络信息资源的收集、整合、处理、开放和利用，这是关系到能否留住读者的大问题。

过去，由于书目资源匮乏、成本高昂、渠道有限，人们只能去图书馆获取信息。而收藏，即收集馆外馆内资料，也始终是图书馆的工作重点。重藏轻用、重管轻用不仅是传统的图书馆管理理念，也是部分现代图书馆的普遍现象。现如今，随着移动设备的发展和普及，读者可以通过移动互联网随时随地获取所需的文献和信息。

从目前来看，要想彻底改变传统图书馆的书与读者分离、藏书处于核心地位的情况，要以读者需求为主导来设计建筑布局，更加关注读者与书的交流、读者与读者交流的便捷。

三、在管理环境上，由静态管理向动态管理转变

在传统的图书馆管理中，不管是高校图书馆，还是公共图书馆，都是单一的内部管理方式，也就是对图书馆内部采访、分类、编目、借阅和典藏等方面的管理。这种静态的管理模式不仅和传统图书馆的管理理念“以书为本”是相符合的，同时与以单一提供纸质文献资源的借阅服务方式也是相适应的。

但是，在互联网环境中，由于通信技术的飞速进步，图书馆这一相对封闭的环境已然被打破，图书馆的界限日益模糊，这就使得多种多样的网络信息资源开始涌入。因此，各个图书馆应当在保持原有的纸质、电子文献资源的基础上，由静态管理向动态管理转变，即注重对外部环境的动态管理。

图书馆的动态管理主要包括以下几个方面。

第一，对各种网络文献资源的管理，即对各种网络信息资源进行收集、整合、加工、处理，使其成为图书馆文献资源的组成部分。

第二，对读者各种信息的管理，即通过先进的感知系统，运用数据挖掘技术对读者的阅读兴趣、爱好、研究方向等进行分析，以便为读者提供有针对性的个性化服务。

第三，对读者交互平台的管理，即通过 QQ 群、微信公众平台、微博等，了解读者的需求、明确读者的阅读动态、把握读者对图书馆的建议，以便为读者提供更好的服务。

第四，对图书馆统一网络平台的管理。互联网技术为图书馆统一网络平台的建设提供了可靠的技术支持，统一网络平台的建设，实现了图书馆馆际互借、资源共享的梦想，但也对图书馆动态管理提出了更高的要求。

第五，对图书馆特色数据库的管理，即对图书馆通过融合其他各种信息资源自建的特色数据库进行不断更新、完善，从而使该数据库能为各类研究人员提供更高效的服务。

第六，对图书馆合作项目的管理。在互联网时代下，公共图书馆需要与政府、出版社、书商等建立合作机制，如联合开展阅读推广、展览、讲座等活动。

在互联网环境下，图书馆动态管理的水平既是评价互联网环境下图书馆建设质量的标准之一，也是决定互联网环境下图书馆建设目标能否实现的关键环节之一。

四、在管理范围上，由单一资源向多元资源管理转变

传统图书馆因受限于文献资源载体和服务手段的唯一性，管理范围比较单一，除对馆员、财务的管理之外，就是对纸质文献信息资源的管理。但随着互联网技术和通信技术在图书馆的应用，图书馆在管理范围上开始向多元化、更宽泛的方向转变。

第一，从文献资源方面来看，除传统纸质文献资源以外，还有大量的数字资源，包括电子文献、视频、声频、图像等数据库资源和网络信息资源，其中需要格外重视信息资源。对信息资源的管理，不仅是对信息的收集、整合、深加工和利用（传输），而且包括对各类信息的开发、建立相关数据库和形成相关大数据。

第二，从财物管理方面来看，在互联网时代，既有更多、更先进的机器设备和技术进入图书馆，也对图书馆提出了更多、更个性化的需求。因此，图书馆管理关注的中心应当是如何让馆员、读者学会并熟练使用这些设备，掌握这些先进的技术，让这些机器设备和技术发挥更大的功能。而传统图书馆更多的是对书籍方面的管理，包括如何防盗、防霉、防虫等。

第三，从馆员管理方面来看，互联网时代对馆员的各方面要求都相对较高，包括理论知识、能力素养等。其中，图书馆既要在馆员的知识提高、能力提升、专业素质养成以及技术强化等方面进行相应的管理，也要在工作纪律方面对馆员进行管理。而从传统图书馆对馆员的业务能力要求来看，其对馆员的管理通常仅局限于对其工作纪律层面的管理。

由此可见，互联网将会使图书馆的管理范围得到进一步的拓展。

五、在管理模式上，由金字塔层级向扁平化管理转变

互联网背景下的图书馆的管理目标是满足读者即时获取的需求，管理理念是以读者为中心。而这就需要图书馆减少信息传递的中间环节，减少信息传递的层级，真正实现读者与图书馆管理的“零距离”。基于此，扁平化的管理模式既是图书馆满足读者即时获取需求的必然选择，也是其应然选择。

传统图书馆管理结构是金字塔型的层级模式，馆员在与读者直接接触中所获得的信息、建议，要通过层层传递才能反馈到图书馆最高领导层。具体而言，传统图书馆管理结构指的是馆长—副馆长—办公室、信息部—采编部、流通部、阅览部等—馆员。这种管理模式的效率相对较低，反应速度也相对较慢，因而无法更好地适应网络时代下图书馆的管理理念以及服务模式。

从现实角度来看，扁平化的管理模式不仅能灵活适应图书馆外部环境的变化，而且能快速响应读者的需求，为读者即时需求提供最佳的解决方案，提高读者的满意度。

第三节　互联网环境下图书馆管理创新的路径

一、创新管理理念：R2L 的管理

互联网在某种程度上模糊了所有界限，也可以说互联网的世界是无边界的。“互联网 + 图书馆”的核心是创建一个全国乃至全球的图书馆网络平台。图书馆界无论是横向拓展还是垂直整合，都要以读者为中心。横向拓展的出发点就是满足读者任何可以满足的需求，垂直整合的出发点则是完美地满足读者个性化的需求。因此，未来图书馆的管理理念必定是以读者为核心的“R2L”理念，即 R（Reader）驱动 L（Library）的理念。

“互联网 + 图书馆”通过减少图书馆工作流程的中间环节来减少不必要的损耗，从而减少图书馆资源到达读者手中所需要经历的环节。为此，图书馆需要重组管理结构及业务流程，使图书馆所有的工作流程和所有工作人员都能直接面对读者，全员在互联网端点上工作，从网络云端上获取数据，与读者实时对话，实现零距离、跨馆界、多语言同步交互。读者对信息的获取，要求每一个馆员不仅能利用实时交流工具在线异地实时交流，还要能掌握需要的专业知识以及

精准信息。也就是说，要求每个岗位的馆员能通晓馆内各项服务，从而实时为用户提供方便及时的服务。例如，采编部除负责采编外，还要能解答用户对数据库的访问等相关问题；流通部除常规服务外，还要能提供新书推送、信息咨询等服务。

在网络环境下，要想真正实现图书馆的互联网化，就需要将 R2L 的管理思想作为指导。具体而言，要根据读者的需要，优化图书馆的资源分配，也要加强运用智能技术、网络技术及软件应用技术的综合能力，在图书馆管理中引入互联网的概念，树立以读者为本的管理思想。这样一来，图书馆工作人员在满足读者的需求时，才能在最短的时间内做出最快的反应，从而缩短与读者之间的距离，流程运行也将更加快速高效。

“R2L”意味着读者自身的阅读需求能够得到更好的满足，包括通过手机、电脑、iPad 等载体或移动终端，不受任何时空限制地对所需信息进行搜索、参考咨询、阅读；通过图书馆服务平台即时获得最新图书馆相关信息（新书推荐、讲座、竞赛活动、论坛等），促进读者之间信息的交流与共享（互联网让“读者集合在一起”成为一种可能，特别是通过媒体、互动，很多有相同阅读爱好的读者可以聚在一起，交流阅读体验和感受）。

二、创新管理方法：物联式的管理

即使是在“互联网 + 图书馆”中，纸质图书文献资源也不可能消失。从现实角度来看，在互联网时代，数字化的电子文献资源正在逐渐替代纸质图书文献资源在图书馆中的主导地位，但纸质图书文献资源仍然是图书馆的基本要素之一，是图书馆赖以生存和发展的重要物质基础。

基于物联网技术对图书馆纸质图书文献资源管理的理论和实际应用，物联网技术成为图书馆管理模式创新的应然选择。从图书馆科学管理的重要原则，即“以图书的社会利用为出发点并表现于行动的过程和归宿”来看，如何切实提高图书馆中的纸质图书文献资源的利用率，从而更好地实现图书馆对纸质图书文献的科学管理是互联网环境下图书馆亟待解决的课题。

所谓物联网又称传感网，是指将各种信息传感设备如 RFID、红外线感应器、激光扫描技术等连接而形成的网络系统，以实现人与物和物与物之间的连接沟通。[①] 它具有技术性、智能性和感知性的特点。物联网有感知层、网络层和应用

① 陈友初．信息技术与信息安全知识读本[M]．南宁：广西科学技术出版社，2014．

层三个层次，其中感知层作为物联网的第一层次起着核心和主导作用，可以说没有感知层就没有物联网。

（一）物联网技术与典藏管理

物联网技术的扫描装置可以快速地交换并识别贴有 EPC（产品电子代码）的各种书籍信息，还可以按要求检查处理相关的信息内容，并把结果返回到数据库，并制定出对应的分配清单，从而使馆员更高效地完成书籍的上架工作。

传统的典藏管理模式对于纸质图书文献乱、错架重新归位以及清点工作需要很大的工作量，费时、费力。而现代图书馆在使用纸质图书文献时采用的是“藏、借、阅一体化”的借阅方式，因此图书乱架和错架的现象较为严重，且难以进行盘点。

而物联网 RFID 技术的实践运用使得图书管理员只要通过手持 RFID 阅读器，在书架上扫一遍，便可以将贴有电子标签的书籍的所有资料读取出来，并迅速地进行相应的统计。在此过程中，工作人员只需将要核对的编号或乱架的书名等信息输入 RFID 阅读器，然后在书架上按顺序进行扫描，倘若出现了乱架或错架的书籍，RFID 阅读器就会发出声光提醒，如此一来就可以将乱架和错架的书刊迅速地查找出来，从而使顺架的工作更加高效。

（二）物联网技术与图书流通

物联网 RFID 技术以其存储信息易于修改、存储量大、读取距离远等优点而备受关注。在 RFID 技术的帮助下，图书馆工作人员能够更加容易且准确地找到有关书籍文献的资料，包括馆藏书目数据、借阅数据和书籍目前的位置，从而能够对书籍文献信息资源进行快速查找、准确定位和实时追踪。综上，利用物联网技术，可以更加精确地追踪和定位馆藏文献资源。

与此同时，物联网环境下的自动借阅和还书系统也能够让读者自己完成对图书的借阅、归还，从而极大地节约了图书馆的人力，使图书的流通效率获得了更大的提升。

（三）物联网技术与安全管理

物联网技术的实践运用使图书馆的管理费用得以减少，也让图书馆的管理工作流程变得更加简单，从而极大地提升了图书馆的管理效率，智能化以及自动化。而这也成为“互联网 + 图书馆”管理模式创新的路径之一。

图书馆的安全管理主要涉及对图书文献资源和人员的管理两个方面。基于物联网的RFID技术门禁管理系统可以更好地实现图书馆馆员的出入控制、数据收集、数据统计以及信息查询等功能的自动、高效管理。由此我们能够看出，图书馆门禁管理系统是提高安全管理效率的重要手段，也是图书馆安全管理的重要组成部分。

与此同时，物联网作为一种先进的EPC系统，通过利用RFID技术，可以更好地实现对书籍的准确定位，并对其进行实时追踪，从而能够有效防止书籍的失窃、毁损。

三、创新管理模式：柔性管理

（一）柔性管理的一般概述

刚性管理是用制度对员工进行约束和管理的一种管理模式，其以规章制度为中心。而柔性管理则指的是对员工进行人性化管理的一种管理模式，即以人为中心。

在知识经济时代，外部环境的易变性、不确定性和复杂性要求每个员工或职能部门具有快速反应能力和独立处理问题的能力，而柔性管理所营造的“人尽其才”的制度与环境，可以让员工或各职能部门具备较强的适应性与弹性，更加快速、精准地做出决策。这既是网络条件下图书馆管理工作的需要，也是网络条件下图书馆管理模式的最优选择。

柔性管理有助于提高管理水平和管理效率，更好地调动职工的积极性、创造性。它的最大特征就是通过人性解放、权力平等、民主管理，从内心深处将每一个员工的潜能、主动性和创造性挖掘出来，让他们能够心情舒畅地为图书馆的发展和创新而努力，从而成为图书馆在激烈的市场竞争中取得竞争优势的力量源泉，而不是借助外力。

相对于传统的刚性管理，柔性管理在管理决策、组织结构以及激励机制等方面有其独特的优势，以下进行详细论述。

从管理决策角度来看，在柔性管理模式下，由于决策前提的不确定，不能按照最优标准来做决策，因此最优化准则被满意准则所代替，而这恰恰赋予了管理决策更多的弹性。但在刚性管理模式下，企业的决策目标所遵循的是最优化原则，也就是寻找在一定条件下的最佳方案。在传统的刚性管理中，管理决策是自上而下推行的，决策层亦是领导层，而组织成员或职能部门则作为决策的执行者存在。在柔性管理模式下，决策层分为专家层和协调层。管理决策是建立在信任和尊重组织成员的基础上，经过广泛讨论得以形成的。除此之外，由于许多管理权力的分散，也给了组织成员或功能部门以更多的管理自主权和独立性，使其具备了更多的适应性和灵活性。

从组织结构角度来看，柔性管理模式主张以扁平化的方式来组织结构模式，对组织中不必要的中间部分进行简化，将决策权力进行下放，使每一个组织成员或功能单位都能够独立地解决问题，从而充分地发挥组织成员的创造力，建立一个人尽其才的组织机制。与此同时，扁平化的组织架构实现了对纵向管理的压缩，从横向的管理拓展到了全面的信息交流，使网络型组织能够得以实现。其中，团队或工作小组就是网络上的节点。而大部分的节点都是非刚性的、平等的，因此节点间的信息交流非常便捷灵活。而传统的刚性管理则更多地采用了直线式、集权式或职能部门式的管理组织架构。在这些组织结构中，尽管注重了统一指挥和明确分工，但是其普遍存在着信息传递缓慢、适应性相对差等问题，从而导致信息化时代下组织的生存与发展需求较难得到满足。

从激励机制角度来看，柔性管理模式是一种努力为组织成员或职能部门营造宽松、平等、互相尊重和信赖的工作氛围，为其实施自主管理、参与管理，创造发展机会等的新的管理模式。在柔性管理中，激励是对组织成员的尊重、信任、关心以及奖励的全面综合。激励分为物质激励和非物质激励，应把二者充分结合起来。其中，物质激励属于基础性的激励办法，能满足组织成员的低层次需求，却无法在激励中发挥更大的作用；而精神激励则可以使组织成员对尊重以及实现自我的高层次需求得到更好的满足。

（二）“互联网＋图书馆”柔性管理模式的构建

1. 建立刚柔并济的图书馆管理模式

柔性管理作为一种以人为中心的非强制性管理模式，不仅能够使员工自觉接受各项管理，而且能够切实有效地提升管理工作成效。但该管理模式也存在约束力不足的弊端，特别是对于那些思想僵化、进取心不强或素质偏低的员工，柔性管理不仅无法保障效果，而且可能使图书馆处于无政府状态。

基于此，在“互联网＋图书馆”的建设过程中，构建一种刚柔结合的管理模式是十分必要的。从现实角度来看，在图书馆的管理体系中，应以柔性管理为主，以刚性管理为辅。具体而言，首先，创造宽松、平等、互相尊重、相互信赖的工作氛围，使组织成员或功能部门能够得到最大限度的调动和创造；其次，在刚性的管理措施中，适度地添加一些惩罚措施，让那些低素质的员工在畏惧刚性管理的同时自觉地和柔性管理相适应。

2. 建立柔性图书馆管理组织机构

传统图书馆管理多采取“等级权利控制式”。该模式主要是通过控制与制度的方式开展工作，具有较为明显的等级特征。在该模式下，馆员虽然在规章制度的控制下也能按时完成工作任务，但工作缺乏积极性、主动性和创造性，并且这种模式单一、僵化，灵活性和适应性较差，远不能满足“互联网 + 图书馆”建设的需要。而柔性管理模式的扁平化组织结构可以削减不必要的管理层级，并下放管理权力，让馆员和职能部门获得独立管理的权限。同时，通过削减纵向管理层级，扩大横向管理的范围，让组织成员和职能部门成为管理网络上的节点，节点之间的沟通更为方便、快捷、灵活，管理的效率更高。因此，柔性管理组织结构的建立是“互联网 + 图书馆”实现柔性管理的基础。

3. 构建柔性管理的图书馆文化

传统的观点认为，图书馆工作就是为读者提供书刊借阅服务的，没有多少技术和知识含量，仅仅是重复机械劳动而已。同时，鉴于图书馆工作价值的隐蔽性和模糊性，其重要性难以凸显，更是加深了人们尤其是图书馆上级主管部门对图书馆工作的偏见。在互联网时代，图书馆不再是传统的藏书楼，也不再是单一的文献资源借阅室，而是“互联网 + 图书馆”。单就图书馆开展柔性管理而言，其首要任务是构建起一种积极、健康、和谐、充满正能量的图书馆文化，这对图书馆的发展具有重要意义。

图书馆馆员的思想和行为在一定程度上受到健康积极、充满正能量的图书馆馆文化的影响，既有利于促进图书馆馆员形成积极、乐观的心理和行为，也有利于消除图书馆馆员的消极、自卑心理。因此，我们能够看出，正向的图书馆馆文化对于馆员的思想、心理、行为具有一定的约束作用。需要注意的是，这种约束更多的是对图书馆的文化氛围、群体的道德规范以及道德规范等的软约束，而并非系统的刚性约束。

图书馆文化建设把尊重人作为中心内容，以人的管理为中心，而积极的思想和行为规范则会产生一种强烈的使命感和持久的驱动力，它是一种图书馆工作人员进行自我激励的标尺，其能够使馆员自觉、自愿地为图书馆的发展、为“互联网 + 图书馆”目标的实现献计献策，进而更好地实现价值的创新。

图书馆文化一旦形成，则会成为一种合力，将各方参与者凝聚在一起，形成一种强大的向心力。在人际关系的调控中，图书馆文化属于一种软调控，其可以让图书馆馆员在目标设定、服务方式、管理方式等关键环节上达成一致，从而切实增强图书馆的凝聚力，使图书馆的人际关系的协调、稳定以及健康得到切实保证，进而推动其进步与发展。

四、创新管理流程：大数据管理

随着数字图书馆向数据图书馆的转变，大数据管理成为未来图书馆管理的趋势。

就管理而言，图书馆大数据管理主要包括以下几个方面。

第一，文献信息资源数据管理，包括数字化文献信息资源数据、电子文献信息资源数据、自建数据库、特色数据库等多种形式的数据。这些数据反映图书馆馆藏情况的重要数据。

第二，读者信息数据管理，包括读者基本情况（姓名、性别、年龄、专业等）、流通数据（读者借阅数据）、其他数据（如研究方向、最新需求、阅读兴趣等）。这些数据是图书馆服务的基本数据。

第三，基本数据管理，包括图书馆资产、馆员情况、财务、办公等方面的数据。这些数据是描述图书馆基本情况的数据。

第四，系统数据管理，包括管理系统、发现系统、文献数据库使用平台、计算机数据库、操作系统、办公系统、各种参数及运行记录等数据。这些数据是数据图书馆正常运行和重新启动最重要的数据。

第五，未数字化数据或未采集的数据管理。目前，部分图书馆没有对古籍、非物质文化遗产等进行数字化，没有采集读者行为、自助服务数据等，没有采集和整理与数字图书馆有关的馆外相关数据。这一部分数据是图书馆今后努力收集、采集、整理和数字化的方向，管理难度比较大。

（一）创新管理理念，培养大数据管理意识

随着移动通信技术的发展，人们越来越习惯通过互联网来满足自己获取信息的需求。图书馆应当始终以读者为本，把读者作为管理工作的出发点和立足点，提高图书馆馆员的大数据管理意识、竞争意识与服务意识，进而更好地为读者服务。

与此同时，作为信息交流的枢纽，图书馆要想赢得广大读者的信赖，健康地发展，就需要培养大数据管理意识，对自身的经营思想进行更新、创新，从而使自身的竞争力得到切实提升。

（二）利用大数据技术构建图书馆管理核心竞争力

随着信息技术的不断发展、互联网技术的飞速进步，图书馆面临着海量的信息，这在一定程度上导致读者难以获得自己需要的信息资源。与此同时，也给图书馆的信息管理工作带来了巨大的困难。在此基础上，云计算技术和大数据技术为图书馆的管理工作提供了具有实践意义的路径选择。

利用云计算、大数据分析等技术，对数据信息进行分类、集成、加工，并建立相应的数据库。与此同时，大数据挖掘技术可用于搜索、更新和处理图书馆资料，分析读者的兴趣和偏好，快速高效地组织信息资源，进而为读者快速提供其所需的信息内容，并为读者提供符合其实际需求的定制服务。另外，图书馆还可以通过收集、整理读者的各项数据，使图书馆的竞争力得到更好的提升。

（三）建立图书馆大数据管理人才体系

从目前来看，培养和挖掘大数据技术管理人才是对图书馆具有重要意义的一项工作内容。例如，图书馆可以通过对内外环境进行优化，加强自身的品牌建设和人力资源方面的管理，进而招聘或吸引优秀人才。从现实的角度来看，需要对图书馆馆员进行相关学科的培训，不仅包括大数据、云计算和物联网等方面的培训学习，还需要对图书馆馆员进行心理学、管理学以及其他学科的培训，从而使图书馆馆员的大数据意识得到切实提升。从现实角度来看，大数据技术在图书馆管理中的应用具有很强的复杂性和针对性，因此图书馆需要建立一支跨学科、多领域、既掌握新信息技术又有图书馆管理经验的专业人才队伍。

（四）构建基于大数据的图书馆信息资源“云服务”管理模式

图书馆信息资源“云服务”管理模式是改变传统图书馆管理模式的应然选择。图书馆应当结合社会和读者对图书馆的需要，以自身在公共文化服务以及高校教育教学中的角色定位为依据，构建一个基于大数据服务技术的“云服务”平台，进而实现异构资源共享、异地资源集合、异地业务协同。就目前而言，实现对已有的不同类型的图书馆管理模式的有机融合，能够让大数据技术更加有效地服务于图书馆的管理，从而发挥出更大的功能和作用。

五、创新管理结构：扁平化管理

（一）扁平化管理概述

传统的企业管理模式表现为金字塔状的层级结构，此结构由高层、中层、基层管理者构成。因此，高层的决定需要经过层层传导，最后才能传达给执行人员。同样，即使是基层的管理信息，想要传达至最高的决策者，也需要经过层层的筛选。在这种模式下，高层决策者和基层管理者所获得的信息都是不完整的，当企业规模扩大时，最有效办法是增加管理层次，但层级越多，决策链就越长，所获得的信息就越不完整，决策失误的概率就越高，决策执行力就越弱。

而扁平化管理模式则是指当企业规模扩大时，不是采取增加管理层级的方式，而是通过减少管理层级，缩短决策链，通过增加管理幅度的方式来提升管理效率。当管理幅度增加但管理层次减少时，扁平化的组织形式则能够替代金字塔状的等级结构。

具体而言，扁平化管理是指在减少管理层次、压缩职能部门和机构、裁减人员的过程中，尽量减少决策层与操作层之间的中间管理层次，从而让企业迅速地把决策权延伸到企业的生产和营销第一线，以此来使企业的效率得到切实提升，从而建立一种更具有弹性的新型管理模式。

从现实角度来看，扁平化管理模式能够有效地解决层级重叠、冗员过多、组织机构运行低效的问题，从而更好地加快信息的传递速度，提升决策的实际效率。扁平化管理模式是企业为了更好地应对现代化社会发展中出现的层次结构问题所采用的一种管理模式。

（二）扁平化管理对图书馆的影响

图书馆馆员在为读者提供服务时所获取的信息需要经过层层筛选才能传递给馆长，同样，管理决策也需要通过层层传递才能传递给一线馆员，这在以纸质图书文献为管理对象的传统图书馆中似乎不成问题，信息传递缓慢的弊端也不凸显。但开放的、共享的、无边界的互联网给图书馆互联网化带来了极大挑战。互联网时代需要整个图书馆界跨出管理边界，坚持合作、共赢的精神，建立起快速反应、行之有效的管理体系，在一个相互连接、相互支持的环境中取长补短，携手共进。而扁平化管理则是互联网时代图书馆管理的必然选择。

1. 扁平化管理是一种创新管理

随着信息时代的到来，图书馆的管理出现了一些根本的改变：从对书的管理调整为对知识的管理；从以书为重心转向以读者为重心。与此同时，管理主体也发生了转变——由服务者或指导者替代管理者。

从目前来看，图书馆馆员正在从消极、被动接受型转变为积极主动参与管理型。此外，在网络信息技术方面，具有组织信息共享、共同合作、快速沟通和快速反应的平台也正在替代相对较为单一的信息处理（数字化）功能。

从上述的一系列改变中，我们能够看出，在互联网环境下，在图书馆的组织结构中，分权式的扁平化管理结构必然会替代金字塔式的等级结构。也只有这样，图书馆才能更好地满足互联网环境下读者对图书馆的需求。

2. 扁平化管理是一种弹性管理

扁平化管理模式的核心在于减少管理层级、增加管理幅度、打通管理组织间的“障碍”，使管理更富有弹性。管理层级的减少、管理幅度的增加，意味着图书馆面对瞬息万变的图书馆内外部环境反应更加快速，问题处理更加灵活、机动，信息传递速率大幅提升，减少了信息失真的概率，增强了上下级之间的有效沟通和情感交流，也减少了决策和行动的时间；管理组织间的“障碍”被打通，也就意味着沟通更加顺畅，馆员之间的凝聚力更强、集体荣誉感更高，馆员的归属感更浓，工作热情和积极性也就更高。同时，扁平化管理是一种以基层的自主管理和馆员的自我管理为基础，以馆员和图书馆共同发展远景为引导的管理模式。鼓励和激励馆员参与管理更有利于提高决策的执行力，增强馆员的责任感和使命感，激发馆员的集体荣誉感。

3. 扁平化管理是一种柔性管理

扁平化管理是对以人为本管理理念的弘扬，也是一种柔性管理。图书馆要实现扁平化管理目标，必须激活基层、依靠馆员。馆员既是管理决策的参与者，又是管理任务的承担者和实施者。馆员通过参与管理决策的制定和设计，不仅能激发自身的工作积极性和创造性，而且能增强自身的责任感和使命感以及对图书馆的心理归属感；扁平化管理的基础是团队，团队讲究的是协同合作、互相尊重、互相激励，以此激发创新，增强馆员的自信心。因此，扁平化管理更是一种人性化管理。

4. 扁平化管理能实现图书馆资源的优化配置

图书馆实行扁平化管理可以使自身更具有灵活性和适应性。从实质上看，图书馆扁平化管理就是将图书馆的人力、物力、财力、技术资源等进行优化配置，使读者群体的个性化需求得到更好的满足。通过资源的优化配置，图书馆不仅可以有效提高服务效率和服务效果，提升社会竞争力，而且可以节约资源、降低服务成本。

在互联网时代，读者的需求信息不再是被选择出来的，而是在互联网应用、互动中不断“涌现”出来的。未来的图书馆不仅是智慧图书馆，更是数据图书馆。

第四节　互联网环境下我国图书馆的发展趋势

综合政策环境条件、信息技术发展情况以及其他相关人文因素，以长期学术研究为基础，并综合国内外研究以及实地调研成果后进行预测，可以将我国图书馆的未来发展趋势归纳为以下几点。

一、图书馆服务的泛在化

泛在图书馆是国际图书馆界的一个新概念，其主要表现为泛在化和无处不在。泛在图书馆最突出的特点是，对使用者来说，图书馆服务如影随形，即用户可以随时随地获得服务。其中，有时可能是在无意识的情况下获得图书馆馆员的帮助或是利用图书馆的资源。

泛在图书馆的实质就是基于“5A”的信息资源共享理论（不论在什么时间、什么地点或是任一图书馆，都可以让用户获得自己所需要的信息资源），衍生出了“8A”理论，即所有使用者都可以在任何地方、任何时间获取图书馆所提供的任何语言、类型、格式以及时期的信息资源。

二、图书馆工作的网络化

借助网络提供图书馆的全部资源以及服务，是图书馆工作网络化的具体展现。由于网络环境是全天候的，所以其所提供的服务出现间断的可能性相对较小。简而言之，在未来的图书馆中，所有的资源、服务都可以通过互联网进行呈现。

图书馆“一切都可以在网上”，至少包含以下两种含义。

其一，图书馆已拥有了参与出版数字化读物的基本条件，并出现了新型的信息资源生产形式。伴随着互联网的不断进步与发展，图书馆已不仅是一个提供信息资源的单位，也不再被局限于信息资源传递的下游，网络上的资源越来越呈现出开放化的趋势。从现实角度来看，图书馆也将成为数字信息资源的出版机构。

其二，深入地整合各种信息资源，从而实现各个图书馆之间的共建共享。在未来，不管是大型的图书馆，还是规模相对较小的图书馆，都会通过云环境相连，成为一个整体，从而进行不同的工作、服务以及资源建设。由此，不同图书馆之间是互相包含的关系，是互不分离的。

三、图书馆资源的数据化

从目前来看，数字化资源逐渐趋于多元，不仅资源具有更多的种类、格式，而且越来越多的资源逐渐被数据化。因此，图书馆系统可以对这些资源和数据进行数字化和信息化的管理。数据管理系统可以对数据进行组织和检索，为读者提供查询服务，还能够对数据的全部生命周期进行相应的控制。

图书馆的各类文献及信息资源趋于网络化。对信息研究者来说，过去只能在传统图书馆中人工查找相关资料，依靠个人经验进行相关研究，既费时又费力，而且难以获得全面和完善的资料，影响研究的准确性和深入性。自从图书馆建立起数字化平台，图书馆、读者以及信息系统被有机地结合在了一起，用户可以从中获取更加规范、高效、个性化的信息服务。

图书馆应对馆藏资源进行信息化建设。为了适应新形势的发展，图书馆应当加快信息化建设的进程，具体做法如下：一是采购各类电子出版物，建立信息数据库；二是将现有的纸质馆藏资源转化为电子版。图书馆之间应做好沟通和协调，避免重复性采购。一些外刊的利用率不高，可以仅购买相关联机检索服务功能。另外，图书馆应当积极向读者宣传自己的资源，优化检索办法，扩大专业和学科覆盖面，引导和帮助读者通过电子版系统查询所需资料，以提高电子出版物的利用率。目前，很多图书馆已开设了多媒体形式的阅览室，综合利用互联网、计算机技术，读者在此既可以阅读电子版的馆藏资料，还可以通过网络查询其他图书馆的海量信息。

现阶段，各图书馆面临着新的机遇和挑战，各种馆藏资源趋于多媒体化，各项服务趋于信息化，信息资源趋于网络化、共享化，这就要求图书馆跟紧时代发展步伐，在图书馆管理中推行自动化。随着信息化时代的到来，图书馆的文献载体也变得更加多元化，需要图书馆全面推行数字化管理方式，切实提高图书馆的工作效率，为读者提供方便，减少馆员的工作量，充分发挥图书馆应有的公益服务功能。

随着大数据技术的推广，图书馆成为大数据系统的组成部分。过去，图书馆的任务是收集、整理和记录各种馆藏资源，有了大数据技术的支持后，图书馆将工作的重点放在建立各种信息的关联性上，在各种信息间建立起有效的联系，避免出现“信息孤岛”。

四、图书馆功能的智慧化

随着科学技术的快速发展，各种移动终端开始普及，智能穿戴设备开始在人们的生产和生活中发挥作用，加之大数据采集和分析技术的推广，图书馆管理及服务的智能化水平不断提高。

从现实角度来看，在传统图书馆中，信息交流是单向的，其能够为读者提供的服务也相对较为被动、机械。智慧图书馆则不同，其可以将书和书相连、人和书相连、人和人相连，无论何时何地以何种方式，都可以对馆藏资源进行调取和运用，可以为读者提供更加全面的解答以及各项服务。

智能图书馆拥有智能化的交互功能，由此我们能够看出，其所具备的最突出的特点是可以为读者提供更具个性化的服务。

五、图书馆阅读的移动化

近年来，政府不断提倡终身学习和全民阅读，针对这样的情况，各类图书馆大有可为。目前，现代人阅读的方式开始变得多样化，呈现出以下特点：一是阅读渠道更加多元化；二是阅读方式趋于移动化；三是阅读过程中呈现出更多社交性元素，数字化的阅读方式开始渗透人们的工作与生活，读者不论何时、何地，运用何种方式，都可以获取所需要的阅读资料，极大地满足了读者的阅读需求。

数字化阅读方式及载体变得越来越先进、越来越灵活。最初，人们需要通过电子阅览器进行在线阅读，如今手机、平板电脑成为人们日常的必备品，人们的阅读方式开始趋于移动化。在这种形式下，大部分图书馆开始致力于对移动阅读服务的开发，积极为读者搭建阅读服务平台。

六、图书馆空间的创意化

传统图书馆有三大组成要素：馆藏资源、资料储备空间和为读者提供的服务。如果将资源剥离出去，图书馆的价值则需要通过空间进行证明。随着近些年互联网的普及以及数字信息化的发展，大多数图书馆的到馆读者人数急剧减少，未来图书馆需要考虑的是如何重新吸引读者，如何发挥图书馆的空间作用。

为此，国外的许多图书馆都在积极地尝试，重新设计和使用图书馆的空间。图书馆由原来的资讯分享场所，逐渐转变为学习分享与研究分享的空间。

最近几年，图书馆再次转型为创客空间，使其空间得到新的应用。有国内的图书馆业界人士认为，应当将创新社区同信息共享空间进行有机融合，注重学术创新，使图书馆成为学术交流、知识处理以及文化传承的枢纽，从而切实提高图书馆的服务效率和读者的文化素质。

七、图书馆用户的自主化

近年来，图书馆开始重视让读者群体参与图书馆的发展建设，如在图书资源的采购过程中，鼓励读者参与决策。以内蒙古自治区图书馆为例，其提出了读者图书馆理念——“读者阅读，图书馆买单”，举办了一系列由读者做主的活动，从而使读者逐渐成为图书馆的主人。从目前来看，读者的主体作用正得到充分发挥，主体意识也得到充分尊重。图书馆用户作为被服务的对象，权利意识正在不断提升。与此同时，图书馆的发展理念也在不断地发生着改变。与之相对，在传统图书馆中，读者没有发言权、参与权，图书馆的管理方式、服务内容等均由图书馆决定，即图书馆配备何种资源，读者群体就使用何种资源。

从现实角度来看，现阶段，每一行业都面临着较为激烈的竞争，因此图书馆需要以用户为工作中心。倘若失去用户，图书馆将会失去自身赖以生存和发展的基础，失去未来发展的核心。

八、图书馆工作的规范化

各行各业要保持持续健康的发展态势，首先要有标准化和规范化的工作模式。2008 年，中国成立了第一个图书馆行业的标准化组织——全国图书馆标准化技术委员会，这个组织主要负责图书馆的管理工作与服务工作，制定图书馆环境以及领域的各种标准。

对现在的各类图书馆来说，各种资源的管理流程以及加工规范已基本形成，并投入力量研究和制定工作标准及规范，我国图书馆正朝着更加标准化、规范化的方向发展与建设。

九、图书馆事业的社会化

近年来，我国致力于公共文化服务体系的发展与建设，图书馆的服务内容以及项目变得多样化，读者的需求逐步得到满足。我国一些大型图书馆馆藏资源规模庞大，它们往往是一座城市的文化象征。近些年，我国还建成了大量社区图书馆，这些图书馆在城市和乡村中发挥着重要作用。

对于未来的图书馆，要让自身得以生存和发展，必须有特殊资源及服务，而不仅是成为图书资源的一个联络点。互联网技术已十分发达，远程服务开始被各行各业投入使用，各类信息的制造商不必再通过图书馆与读者建立联系，可以直接面对用户，这使得图书馆存在的价值受到极大挑战。要在这种竞争中站稳脚跟，图书馆在建设过程中必须突出城市特色和区域特色。今后，图书馆在建设过程中要更注重对特色资源的收集、整理和加工。

参考文献

[1] 朱涵，张韵 . 新媒体环境下的图书馆知识共享 [M]. 上海：上海社会科学院出版社，2022.

[2] 陈雅，谢紫悦 . 公共图书馆大众化服务研究 [M]. 南京：南京大学出版社，2022.

[3] 陈雅，王丹 . 当代图书馆学基础 [M]. 南京：南京大学出版社，2022.

[4] 敦文杰 . 图书馆互联网电视文化服务与实践 [M]. 北京：朝华出版社，2022.

[5] 顾玉青，赵俊玲 . 社会资源与图书馆阅读推广 [M]. 北京：朝华出版社，2022.

[6] 王世伟 . 面向未来的公共图书馆问学问道 [M]. 上海：上海社会科学院出版社，2020.

[7] 陈维 . 数字图书馆特色资源共享与服务研究 [M]. 杭州：浙江工商大学出版社，2015.

[8] 高彩凤 . 全媒体环境下高校图书馆阅读推广路径和方法 [J]. 河南医学高等专科学校学报，2023，35（5）：573–575.

[9] 张淑军，周江河 . 高校图书馆信息化建设思考 [J]. 合作经济与科技，2023（24）：125–127.

[10] 黄佳洁 . 网络信息时代图书馆建设路径研究 [J]. 信息系统工程，2023（10）：99–102.

[11] 杜京容，刘大伟 . 图书馆记忆的内涵、价值及建构 [J]. 图书馆研究与工作，2023（10）：13–19.

[12] 从全滋，刘琨，王洪波 . 高校图书馆阅读推广之困惑与对策研究 [J]. 图书馆研究与工作，2023（10）：75–79.

[13] 王京 .“互联网 +”赋能图书馆数字资源建设 [J]. 文化产业，2023（28）：83–85.

[14] 吴运明，孔勇 . 公共图书馆 VR 虚拟空间设计 [J]. 建筑经济，2023，44（10）：112.

[15] 万万 .“互联网 +”环境下高校图书馆阅读推广研究 [J]. 河南图书馆学刊，2023，43（9）：60–62.

[16] 李昕阳 .“互联网 +”环境下公共图书馆阅读推广探析 [J]. 科技资讯，2023，